거창은 말한다

한인섭(韓寅燮)

1959년 경남 진주에서 태어났다. 서울대 법대의 학부와 대학원을 마치고 법학박사를 받았으며, 현재 서울대학교 법과대학 교수로 재직중이다. 저서로 『형벌과 사회통제』, 『5·18재판과 사회정의』, 『배심제와 시민의 사법참여』, 『권위주의 형사법을 넘어서』, 『한국형사법과 법의 지배』를 냈으며, 『정의의 법 양심의법 인권의법』, 『재심·시효·인권 – 국가기관의 인권침해에 대한 법적 구제방안』 등을 펴냈다. 법률에세이로 『부메랑 던지기』, 번역으로 『범죄와 형벌』(C. 벡카리아 저)이 있다.

거창은 말한다 생존자·체험자들의 반세기만의 증언

2007년 8월 18일 초판 인쇄
2007년 8월 23일 초판 발행

지은이 • 한 인 섭
펴낸곳 • 경인문화사
펴낸이 • 한 정 희
편 집 • 김 경 주
주 소 • 서울특별시 마포구 마포동 324-3번지
전 화 • 02-718-4831
팩 스 • 02-703-9711
등록번호 • 제10-18호(1973.11.8)

값 13,000원
ISBN : 978-89-499-0506-8   93900

거창은 말한다

생존자·체험자들의 반세기만의 증언

한인섭

경인문화사

거창의 한, 그 몸소리를 듣다

거창사건을 '문자'가 아니라 '사람'을 통해 알게 된 지 6년이 되어 간다. 미국에서 1년간 안식년을 보내고 귀국한 직후인 2001년 9월, 연구실로 한 어르신이 방문했다. 거창사건에 대한 객관적 조사와 연구를 맡아달라는 것이다. 역사학도도 아니고 거창출신도 아닌 내게 거창사건에 대한 '유별난' 학문적 인연이 있을 까닭은 없었다. 역사학자를 놔두고 하필 나를 찾아온 이유가 무엇이냐 물었다. 내 글을 보고 찾아왔다고 했다.

2000년도에 〈한국전쟁 50주년 기념 특집〉의 하나로 "한국전쟁과 형사법—부역자재판과 민간인학살을 중심으로"라는 제목의 글을 서울대 법학지에 쓴 적이 있었다. 나름대로 공들여 쓴 글이었다. 그 글을 쓰면서 거창사건이 하나의 사건을 넘어 한국현대사에 커다란 영향을 끼친 결정적 사건 중의 하나일 수 있다는 생각을 했었다.

그 어르신은 그 글을 읽고 거창사건에 대한 제대로 된 진상규명을 토대로 제대로 된 법적 해결책을 나에게 부탁해야겠다고 생각했다는 것이다. 거창과 '유별난' 인연이 없는 법학자이기에 더욱 객관적일 수 있지 않느냐는 말씀과 함께.

가능한 한 피하고 싶었다. 한국전쟁 직후 민간인학살의 무게와 깊이를 조금이라도 짐작한다면, 이런 주제는 너무 부담스런 것이었다. 그 현대사의 '눈물의 골짜기'에 뛰어들 마음자세를 갖기도 쉽지 않았다. 그리고 법률가들은 다른 학자들이 정리하고 난 뒤 마지막으로 개입하는 게 순리다. 정면으로 뛰어들 학문적 전공도 아니거니와, 한번 끌려들면 몇 년이 소요될지도 모를 일이었다. 안 그래도 내 전공(형사정책)은 인간의 고통과 눈물을 담고 있는 영역이다. 그런데, 다시 새로운 '눈물의 골짜기'에까지 뛰어들자니 그럴만한 정서적 준비가 되어있지 않았다.

그 어르신은 거의 2개월 동안 내 연구실에 찾아왔다. 조금이라도 언성을 높였거나 거칠기라도 했으면, 그걸 핑계로 물리쳤을 것이다. 그런데 나의 억지주장을 절제해내면서도, 간곡하고 정성스럽게 접근하는 것을 뿌리칠 방법이 없었다. 그리하여 마침내 거창연구에 끌려들었다. 물론 법학자의 역할은 변호사의 역할과는 다르기에, 공감을 하더라도 결코 대변인 노릇을 하지 않겠다는 자기다짐을 하면서.

*

거창양민학살사건은 1951년 2월 9일부터 11일까지 육군 병력이 경남 거창군 신원면의 남녀노소들을 대량 학살한 비극을 말한다. 죽은 이들 가운데는 아동들과 노약자들이 절반을 넘었다. 한명 한명의 혐의를 판단해

가며 죽인 것도 아니었다. 그저 '이적행위자' '통비분자'의 누명을 씌워 주민들을 한꺼번에 몰아세워 죽였다.

　현대사에 관심을 가진 이들이라면 이 정도의 내용을 알긴 어렵지 않다. 그러나 주민들의 죽음과 삶이 개개인에게 무엇이었던가 하는 면은 '외부로부터의 정치사'적 접근을 통해 쉽게 드러나지 않는다. 사건의 충격과 상흔의 생생한 실상을 드러내기 위해서는 그 사건을 실제로 겪었던 사람들의 구술증언이 필요하다. 그런데 죽은 자는 말이 없기에, 가장 증언해야 할 자가 증언할 수 없는 난관에 부딪친다. 다만 죽기 직전 천행으로 살아난 사람, 자신은 살았어도 부모 · 형제 · 자녀 · 친척이 죽은 사람들의 애써 살아온 이야기를 통해 과연 그 사건이 무엇이었던가를 어느 정도 체감할 수 있다. 생존자들이 견디고 겪어야 했던 반세기의 굴곡진 삶들은 또 다른 소중한 역사의 일부이리라. 죽음의 의미, 그리고 삶의 의미를 생존자 자신들의 육성을 통해 듣자고 생각했다. 그 떨리는 몸소리들의 모음, 그것이 이 책이다.

　어느 연구자의 표현에 따르면, 거창사건은 그래도 다른 어떤 민간인학살사건보다 자료상의 축복을 받고 있는 셈이다. 학살 직후부터 군과 정부와 국회가 움직였고, 언론의 보도도 이어졌다. 국방장관이 사퇴하고, 마침내 군사재판이 열렸다. 책임자 중 일부는 유죄선고를 받았다. 전쟁 직후 자행된 수많은 민간인학살사건 중에서 그래도 조사작업이 이루어졌고, 형사재판이 이루어진 유일한 사건이었다. 4·19혁명 직후에 또다시 국회의 진상조사가 있었고, 언론의 대대적인 보도가 있었다. 1970년대에 이르면, 일간지에서 몇 십 회에 걸친 기획보도가 있었다. 그러한 조사와 보도, 다큐멘터리를 통해 거창의 진실이 부분적으로 알려졌다.

그러나 필자가 조사하고 방문하면서 느낀 것은, '외부로부터의 기사화'를 위해 체험자의 육성이 활용되고 있다는 것이었다. 육성 그 자체의 울림보다, 기사화의 방향과 필요에 의해 '인용' 되다보니, 체험자의 증언은 파편화된 모습으로 남았다. 체험자들이 살아왔던 삶 속에서 굽이굽이 이어지는 사연으로서의 거창사건, 그런 이야기가 잘 보여지지 않았다. 소설에서는 그런 시도가 없지 않았으나, 소설들은 한 증언자의 표현에 이르면 '1/5의 진실'에 지나지 않는 것이었다.

거창사건에 대해 죽은 자는 말할 수 없다. 시신도 불태워지고, 일부는 암매장되었기에, 시신 자체로부터 끌어낼 수 있는 진실의 부분도 많지 않다. 그러기에 생존자들의 체험과 삶은 그 자체로서 소중하다. 한 개인, 가족, 마을, 고을에 닥쳐온 엄청난 비극을 어떻게 체험하고, 느끼고, 견뎌냈던가 하는 것을 그 분들의 육성을 통해 그대로 담고 싶었다. 처음엔 누구와 접촉할지도 막막한 일이었다. 다행히 거창사건유족회는 그동안의 활동을 통해 연락망을 제대로 갖추고 있었기에 실제 접촉에는 어려움이 없었다.

증언작업은 2003년부터 시작되었다. 그러나 전공 관련 연구, 그리고 가끔은 학내외의 활동과 관련된 업무로 지체될 수밖에 없었다. 집중적으로

증언작업이 진행된 것은 2006년이었고, 모두 18분의 어르신들을 인터뷰할
수 있었다. 사건 당시의 나이로 치면 9살 소년(소녀)부터 32세의 장년까지
였다. 당시의 소년(소녀)에게는 입력된 기억이 적었을 것이며, 당시 청장
년이었던 분들도 반세기가 흐른 지금 남아있는 기억이 희미할 수 있다. 그
런 가운데서도 "아직도 못다 한 말들이 너무나 많고, 오늘에사 처음 털어
놓는다"는 말도 들을 수 있었다.

＊＊

증언자들과의 대화를 이어가는 방식에 대해서도 생각할 점이 적지 않았
다. 처음엔 내가 궁금한 대목을 묻는 방식을 취하고, 때로는 증언이 장황
해진다고 느낄 때 중간에 자르기도 했다. 그러나 그런 방법은 바람직하지
않음을 금방 깨달았다. 이 증언 작업은 법정증언과는 차원이 다른 것이기
때문이다. 그 분들의 삶 속에서 차지하는 거창사건, 그 분들의 기억 속에
들어있는 거창사건을 보고자 함이라면, 주체는 내가 아니라 그 분들이어
야 했다. 그래서 "거창사건 때 몇 살이었고, 사건 당시 어디에 계셨느냐"
는 질문 한두 개를 던지고, 다음에는 그 분들이 자유롭게 말씀하시도록 했
다. 내 역할은 그 분들이 담고 있던 그 가슴속 응어리들을 말로 풀어낼 수
있도록 눈빛으로 격려하고, 경청하는 가운데 가끔은 확인하는 질문을 던
지는 수준으로 조정했다. 사뭇 두서가 없고 곁가지로 갔다가 다시 본류로

돌아오는 것처럼 보이는 것도 더 듣고 보면, 당사자에게는 정작 가장 중요한 이야기를 하는 것임을 알게 되었다. 내가 중요하다고 생각하는 것과 증언자들 자신이 중요하다고 생각하는 것은 다른 차원일 수 있었다. 가령 그 난리통에서 태어나고 자란 자녀들이 대학가고 직장 잘 다니는 등의 이야기는 그들에게 무엇보다 소중한 부분이 아니겠는가.

역사가들에게는 정확한 편년에 기초해 하나하나의 이야기를 정립하는 것이 중요하겠지만, 일상을 살아가는 증인들은 그렇지 않았다. 그들에게는 기계적 연대기가 아니라, 살아온 굽이굽이가 더욱 중요했다. 편년에 관한 부분은 연월일로 기억되고 있지 않았다. "그 해 봄" "몇 년 뒤"와 같은 진술이 농촌형 생활리듬에 더욱 어울리는 것일 것이다. 이야기도 가지런히 전개되는 것이 아니고, 떠오르는 연상 따라 한창 나가다 다시 돌아오는 방식이었다. 그러한 진술방식이 그들의 시간감각이자 생활감각일 것이기에, 편년식 기술로 재조립하지 않으려 했다. 다만 제3자에게 어떻게 전달될까 하는 이해상의 의문이 들 수 있는 부분에서 진술의 앞뒤를 약간씩 조정하는 것은 불가피했다.

***

한 분의 증언을 듣는데 대체로 1시간 이상 2시간 가까이 소요되었다. 증언자들은 대부분 처음엔 이야기를 꺼내기가 막막해 더듬기도 하다가, 말

문이 트이면 다음부터는 이야기를 주저리주저리 풀어나갔다. 가족의 죽음
의 시간대에 가까이 올수록 고개가 떨구어지고 눈물이 흐르고 목소리가
잠기고, 침묵으로 이어지다 힘겹게 이야기를 이어갔다. 나중에 증언자의
인물사진을 보니, 대체로 고개가 떨구어져 있고, 눈길은 아래쪽으로 쏠려
있음을 본다. 그리고 그 긴 눈물 자욱들!

비극의 현장으로 향하는 기억 자체가 고통스럽지 않겠는가. 그 분들의
이야기가 실타래처럼 풀려가는 모양은 잘 구성된 논문 같은 것이 아니라
개울처럼 냇물처럼 흘러가는 이야기 마당이 되는 것이었다. 그들의 발음
을 "목소리"가 아니라 진정으로 "몸소리"(肉聲)였으며, 세월의 주름 속에
마모되는 가운데도 남아있는 한(恨)소리였다.

때문에 증언을 듣는다는 것은 옛날이야기 듣는 것과는 차원이 달랐다.
그 체험 속으로 끌려들어가지 않을 도리가 없고, 한번 듣고 나면 그 날은
늦게까지 잠을 이룰 수 없었다. 사전에도 마음 준비를 해야 했다. 거창에
갈 때는 박산골짜기의 바위에 박힌 총상흔적을 더듬으면서 죽어간 이들의
아픔을 떠올렸다. 박산골 합동묘소의 비석―1960년에 세웠으나 군사정권
이 성립하면서 정으로 쪼아 글자가 마모된 그 비석―땅속에 파묻혔다가
1988년에야 지상으로 올려진 비석―하지만 아직도 똑바로 세워지지 못한
채 비스듬히 눕혀 있는 그 비석―을 쓰다듬으며, 몇 십년간 이어지는 눈물
과 한의 굽이굽이를 느끼려 했다.

증언 내용에 대해서는 언급을 절제하고 싶다. 어디에 밑줄을 치고 읽을

것인가, 어디서 분노하고, 어디서 한숨을 내쉬는가 하는 것은 오직 읽는 이들의 몫이다. 여기서는 두가지만 환기시키고 싶다. 첫째, 증언을 듣다보면 흔히 '잘 모를 것이다'는 편견 하에 제쳐버리기 쉬운 쪽이 훨씬 풍부한 기억을 보유하고 있음을 확인하면서, 구술증언의 경우 공식사회와의 접촉면이 넓고 명료한 정리를 할 수 있는 분들에 국한되어서는 안 됨을 새삼 확인하게 되었다. 모든 증언은 다 나름대로 소중하며, 각자가 자기 자신의 증언가치를 발할 수 있다는 것이다.

둘째, 별 이유도 없이 너무도 쉽게 죽이는 분위기 속에서 대량학살이 가능했음을 확인하지만, 종래 인식되지 아니한 다른 여러 면모도 확인할 수 있다. 예컨대 주민들을 연행하는 중에 "소변도 안보고 싶은가베" 하는 말을 내고, 생사를 가르는 주민선별과정에서 "등신들아, 사촌이걸랑 형제간이라고 땡기고, 형제간이걸랑 자식으로 땡기고…." 하고 뒷전에서 한마디씩 던지는 병사들도 있었다. 또 다른 장교는 학교운동장에서 출산 직전의 부인과 그 남편을 피신시키기까지 한다. 한편으로 생명을 마구 유린하면서도 다른 한편으로 죽음을 줄이려 하고 태어날 생명을 아끼는 그 태도가 공존했다는 것이다.

본서에는 현지 주민들의 증언 이외에 두 분의 무게있는 증언이 실려있다. 김태청 변호사는 당시 군검찰관으로 국민방위군 사건의 수사와 공판에 이어, 거창사건의 공판에 관여하였다. 그는 1951년 두 사건의 책임을 추궁받아 국방장관직을 사임하고 일본에 나간 신성모 주일대사를 출장조사하기도 했다. 또한 당시 육군법무감실의 소신과 기개에 대해 가치있는 증언을 해 주셨다. 선우종원 변호사는 장면 국무총리의 비서실장으로, 거창사건이 행정부의 쟁점으로 비화되는 과정과, 특히 김종원과 신성모의 사건 후 초기역할에 대해 확실한 증언을 해 주셨다. 두 법조 원로의 가치있는 증언에 대해 감사드린다.

****

이 증언들의 묶음이 한권의 책으로 간행되기까지 여러 분들의 도움과 기여가 있었음을 기억하고 감사드린다. 조지만 박사는 박사과정 시절 필자와 동행하며, 거창과 부산, 서울을 오가며 온갖 뒷받침을 했다. 김현숙, 임보미, 김대홍, 윤시원도 녹취하는 수고를 감당했다. 특히 경상도 서부의 가공 안 된 사투리를 소화해내느라 고생했을 것이다. 구술증언을 문자 그대로 재현해놓을 경우엔, 가독성에 대해 장담할 수 없는 경우가 생겨날 수 있어, 원 증언을 살리면서도 조금씩의 가감과 순서 바꾸기는 솔직히 말해 불가피한 면이 있다. 사투리를 살리면서도 오늘날 독자들이 이해할 수 있도록 정비하고, 설명을 다는 윤문화 작업은 보다 많은 공력을 쏟아야 하는 일이며 전문성의 수준도 높아야 한다. 그 일차적 윤문작업을 문숙희 씨가 맡아 수고해 주셨다.

표지 디자인을 하는데 인쇄체 글씨로 제목을 해보니 내용과 어울리지 않는 느낌을 받았다. 그러면서 자연스럽게 신영복 선생의 글을 떠올렸다. 외람되이 제자(題字)를 부탁드렸던 바 선생께서 쾌히 응낙해주셨다.

무엇보다 깊은 감사는 여기 증언해주신 여러 선생들께 드리고 싶다. 증언한 선생들께는 아픈 기억의 재발이 주는 고통이 적지 않았을 것이다. 억울하다는 말도 못하고 죽어갔을 그 영혼들에게 생존자들의 이 기록이 하나의 제문(祭文)이라도 될 수 있기를!

2007년 7월

한 인 섭

거창은 말한다

생존자·체험자들의
반세기만의 증언

저는 문홍한이라고 하고 지금 팔십 여섯이니까 그 때가 서른 하나였어요. 그 때 결혼해있었는데, 제가 결혼을 16세에 했어요. 제 아버님은 두 살에 돌아가셨거든. 그러니 아버님 얼굴을 모르지요. 할아버지가 계시면서, 연세가 높고 하니까 얼른 손주를 보고 싶고, 그래서 열여섯에 장가를 갔습니다. 열여섯에 장가를 가지고 열아홉에 일본에 양자로 갔어요.

일본에 들어가지고 5년 동안, 많이 벌었어요. 그래 논도 한 삼십 두럭 사고 농사도 짓고…. 그때 제 형님이 있었는데, 형님에게 온갖 것을 다 맡겼어요. '내가 일본에 가서 형님 덕으로 돈을 벌었는데, 형님 빚도 갚아줘야겠다.' 조합에 빚이 있었다고요. 그래서 논도 사서 형님에게 붙이고, 형님이 나한테 토지를 줄라고 하니까 내가 "토지는 그냥 놔두십시오. 어머니, 할아버지, 여름에 보리밥 안 자시고 쌀로만 지시도록 해주시고…. 난 어떻게 해도 살 희망이 있습니다. 내 걱정 조금도 마시고, 조합에 빚 갚고 잘 살아봅시다."

문홍한

불칼 속에 태어난 새 생명

돈 벌러 일본에 양자로 가

그때가 대동아 전쟁 시기입니다. 와세다 대학에서 한국사람들이 공부를 억수로(정말 많이) 했는데, 하도 동경바닥에 포를 다 던져싸서 (한국사람들이) 많이 죽었어요. 내 아는 사람도 가보니까 죽었더라고. 기가 차서, 돈이 눈에 안보여. 암만 억수로 벌어도 내가 죽어버리면 뭔 소용이 있노?

동경에서 소개(疏開)를 시켜요. 왜 소개를 시키냐면, 비행장을 만들려고…. 비행기가 왔다갔다 하려면 그것(비행기)도 앉고, 뜨고 해야 되거든. 얼마나 바빴는지 한쪽은 소개시키고, 한쪽 머리에선 도자(불도우져)로 밀어서 하나 만들고, 그렇게 했습니다.

도시가 너무 비좁아서, 어디든가 촌으로 가는 기야. 앞에 사람이 다 자리를 잡아서 방이 없어요. 하다가 안돼서 고향에 오려고 신청했어요. 그런데 일본 읍내에서 돈이 안 나와서 지불을 못해주길래, 내 주소

딱 적어놓고 거창으로 나왔습니다.

고향으로 왔는데, 불과 한 이주일 있으니까 우체부가 돈을 가지고 왔어요. 내가 생각하기로는 뜻밖의 돈이야. 일본사람들은 솔직합니다. 참 법을 지키고…. 우리 한국사람들은 거짓말도 하지요. 일본사람들은 거짓말도 안 해요. 내가 거기에 호강하러 간 것도 아니고, 온갖 장사를 다 했습니다. 노가다를 한 8개월 하니까 도저히 (짐을) 질 수가 없어요. 그래서 공장에 들어가서 하루 2원 20전을 받아요. 일급이 2원 20전인데, 밥값 70전을 제외하면 돈을 벌겠습니까? 한 달 계산, 일 년 계산하니까, '이렇게 해가지곤 돈을 못 벌겠다.' 그래가지고 내가 동경으로 올라갔어요. 동경에 가니까 좋은 사람이 쎴더구만. 거기 가가지고 장사를 안 해본 게 없습니다. 그래서 돈을 참 많이 벌었습니다.

할아버지가 고향을 못 떠나게 해

그래서 거창으로 와서 재밌게 와서 사는 중에 생전에 생각도 안한 빨갱이가 와가지고, 날마다 오는 게 아니고, 가끔 와서 쌀을 달라고 해요. 다른 것은 아무것도 필요 없고, 배가 고파서 못살겠다고 쌀 좀 달라대요. 쌀을 찧어놓으면 자기 손으로 가져가버리고, 그냥 있으면 못가지고 가거든. 그때 방아가 있었거든요. 오늘 먹을 건 오늘 낮에 찧고. 그래야 했습니다. 찧어 놓으면 그게 다인데, 그 사람들이 열, 스물이 와요. 많이 오더라고요. 이것 참 하루 이틀도 아니고 밤에는 저 사람들(빨갱이들)에게 뺏기고, 낮에는 경찰이 올라옵니다.

경찰이 와가지고 혹시나 '빨갱이들한테 물이라도 안 줬나', 이런 염탐을 하는 거야. 그렇지만 그 땐 도저히 그 놈들이 빨갱이라는 건 생각도 안했거든. 무엇이 빨갱이라는고…. 내가 부모가 일찍 돌아가셔서 공부를 못했어요. 공부를 못해가지고 일본 동경에서 3학년에 들어가서 공부를 했어요.

낮에는 경찰에게 시달리고 밤에는 빨갱이가 와서 못살게 만들지. 그래가지고 어디로 가야 되느냐. 일본 갈 때는 형님한테 전부 다 맡기고 갔지만, 어머니, 할아버지 연세가 있는데, 어떻게 다시 형님한테 맡기고 나만 홀딱 빠져나가. 못 나가지. 그러고 있는 도중에 그런 난리가 났단 말이야. 그 전에 몇 번 와서 여기저기 불 한번 지르고. 사람 사는 집에 불 지르면 큰 성과를 올리는 모양이더라고. 그래서 몇 번 그렇게 불을 질렀어요.

국군이 불 지르고, 빨갱이들은 그런 짓은 안했지. 경찰이 와서 조사도 심하게 했지. 아니면 때리든가. 그때는 사람도 개패듯이 패댔어. 그래서 여기서는 못살겠는데, 어디로 가야 되냐. 할아버지에게 가서 "할아버지 내가 못살겠습니다. 낮에는 경찰이 와서 괴롭히지, 밤에는 저 사람들(빨갱이들)이 와서 괴롭히지, 저 어디로든 가야겠습니다." "내가 죽거들랑 가거라." 할아버지가 눈물을 흘리면서 그러는데 못가겠어요. 젊은 사람은 피난 간다고 다 가버렸어요.

젊은 사람들은 피난가고 마을엔 노인만

동네에 나가보니까 누구누구 찾아보니 없어요. 어디로 갔는지 흔적이 없어. 이상하다 이 어쩐 일인고. 그래서 집에 오니까 안식구가 이웃에 아무아무개도 피난 가버렸다. 당신도 가세요. 국군이 온다는 거예요. "국군이 오면 집을 뒤지고 다닐텐데, 그 일을 어떻게 할 거요?" 동네를 다 돌아댕겨봐도 있는 사람들은 노인들밖에 없어. 나도 한 몇 십리 나가봤지. 이렇게 돌아다닐 게 아니다. 국군이 들어와가지고 네 남편 어디 갔나, 빨갱이한테 간 게 아닌가 하면 이거 사람 잡는 거야. 다부지게 들어왔어요. 집에 들어와가지고 점심을 먹고, 그러고 있었어요.

우리 동네 오려면 길은 물 건너야 있고, 그런데 그때 신작로가 트여 있었어요. 근데 사람이 한 200명도가 넘을 정도로 많습니다. 200명 정도 되는 군인이 우리 동네로 오는 거야.

그때 내가 살던 동네가 거창군 신원면 대현리라고…. 군인이 오는데, 피해갈 수도 없고. 빨갱이가 아니라 우리 군인인데, 백성을 돕는 것이 군인인데, 그리 해코지할 거라곤 조금도 생각을 안했지요. 그래서 나와보니까, "너 이 새끼, 반장이냐?" 묻더라고. "네, 반장입니다." "군대가 한 200명, 이렇게 된다. 우리 대장님 오시는데, 제일 좋은 깨끗한 방 하나 구해라." 그때 웃대(윗대) 조상 제사 지내는 곳이 있어요. 사람이 안 살았어요. 거기를 데리고 가는 도중에 대장이 가지말고 서라 이거야. 배가 고파서 시방 급했던 모양이라. "우리가 200명 되는데 밥 좀 해줘라." 대장님이 시키는데, 안해줄 수 있습니까?

집집 다녀서 솥을 있는 대로 모아서 밥을 했습니다. 쌀 찧어 논 것이 없어가지고, 여기저기 빌려서 밥을 했어요. 밥을 많이 했는데 밥을 그릇에 못 푸게 하고 보시기라는 큰 그릇을 이방 저방 갔다 놔요. 밥을 갖다 놓고 가만 보니까 (군인들이) 밥을 먹지 않고 똘똘 뭉쳐가지고 포켓에 집어넣어요. '아하, 급한 일이란 게 이거구나.' 아침을 굶었다는 사람들이 밥을 먹진 않고 다 (포켓에) 넣어요. 그렇게 하자마자 호각을 확 부는데, 여기저기 초가집에서 불이 타오르잖아. 그렇게 불 질러버렸어.

애지중지 키운 소들은 군인들이 다 잡아먹고

내가 그때 좀 살만했습니다. 방 안에 농 안에 돈뭉치가 있는데, 소도 많았어요. 소를 3년 동안 먹여가지고, 한 5년이 되어야 새끼를 봅니다. 새끼 낳으면 송아지 새끼한테 밥을 먹인 사람에게 그 공으로 새끼를 주고…. 어째서 그리 했냐면, 도저히 농사지어봐야 별 큰 수익이 안돼요. '이걸 길러서 애들 공부를 시켜야 되겠다.' 애들한테 공부를 어떻게든 한번 시켜보려 했어요. 그래가지고 소가 30마리나 됐어요. 30마리 되니까, 여기서 새끼가 태어나고, 저기서 새끼가 태어났어요. 재미나데요. 동네사람들에게 송아지 낳는다고 보러 오라고 하고…. 만날 그것이 내 일이에요.

그 땐 머슴이라고, 일꾼을 데리고 있었거든. 일꾼은 나무하고, 농사 짓고, 소가 또 아파요. 소가 아프면 침놓는 것도 약 먹이는 것도 배워야 돼요. 어디가 아프다 하면 대번에 진료를 했거든. 송아지를 한 마리 팔면 애들 학비를 댑니다. 쌀, 보리는 돈이 안 돼요. 돈이 되려면 삵 쥐가지고, 찧어서 팔아야지.

그때 큰 애가 일곱 살이고, 둘째애가 네 살이었어요. 불을 확 지르고 가자고 하는데, 마당에 소가 세 마리가 있었는데, 어느 순간에 군인이 소 세 마리를 몰고 가버렸어요. 군인들이 소를 잡아먹었어요. 내가 소를 잘 먹이다 보니까 살이 쪘거든. 다 잡아먹어버리고….

또 그 인근 동네에 내 소를 먹이는 집이 있었는데, 거기도 소가 잘 되었는데, 살찐 것은 다 잡아먹었어요. 그래서 소 네 마리를 뺏겼어요. 그러고 나서 가자 하는 통에 안 따라 갈수도 없고, 오늘 저녁에 한 데(추운 곳)서 자니까 이불 하나 가져가려고 방에 들어가서 막 주워 던졌어. 돈 뭉탱이는 생각도 안나. 급해가지고….

이 나라 백성이 군인 안되고 별 수 있나

그때 시간이 오후 4시쯤 되었는가. 해가 짧아서 5시 되면 캄캄했거든요. 가는 도중에 군인이 앞에 서고, 우리는 중간에 세우고, 뒤에 차가 오고, 이렇게 했습니다. '나가면 안된다', 이거야. '옆으로 내빼면 총 쏴버린다', 이거야. 그런데 갑자기 '뒤로 돌아' 하는 거야. 초등학교가 하나 있었거든요. 그런데 꽉 차버렸던 모양이라. 다른 데에서 사람이 와서 꽉 차버렸던거야.

내려가던 도중에 조그만 골이 하나 있는데, 거기에 올라가면 마을이 있고⋯. "이 밑으로 내려가면 지서 주임이 있는데, 지서 주임한테 물어 가지고 거짓말 했다하면 가랑이 째 죽인다. 칼로 찢어 죽인다. 바른 말 해라." 도중에 사람들을 세워놓고 이러는 거야. 나는 일본에 가고 했으니까, 객지바람도 좀 쐬고 했으니까, 눈치도 좀 생기고 이랬는데, 촌에 있는 사람은 뭔 소리를 하는지, 군인이 뭔지도 몰랐습니다.

그러고 있는데, 일곱 살 먹은 애가 내 옷을 보더니 발발 떠는 거야. 그래 '나도 군인 가족이다. 시간이 흐르면 이것도(일곱 살 먹은 아들도) 군인 된다. 이 나라 백성이 군인 안 되고 별 수 있나', 이런 생각이 들어 군인 가족에 손을 들었단 말이에요. 군에 간 자기 아들도 군에 보내놓고 생각이 안 나서 손을 못 든 사람도 있어요. 산골짝에서 땅이나 파서 농사 그것밖에 모르는 사람들이 그걸 어떻게 압니까. 아무것도 모릅니다. 저쪽에 기관총 다섯 개를 놓고, 군인들이 명령만 떨어지도록 기다리고 있던 거야. 호각을 확 불면서, '이 새끼 나오라'고 하더라고. 그래서 나갔거든요.

총대로 꽉 찌르면서 "이 새끼, 가족 없나?" 묻더라고…. "가족 있습니다. 저 빨간 옷 입은 아핸(아이인)데" 라고 하고. 우리 안식구 딱 나오니까 호각을 확 불더니 기관총 들입다 쏘는데, 보니까 사람들이 다 죽어버렸어요. 섰던 사람들이 전부 다 엎어져버렸지. 그때 날이 추웠어요. 눈도 왔지요. 개울가인데, 얼음이 얼어가지고 딛질 못해.

그렇게 다 죽였으면 그만이지. 돌아다니면서, 산골에는 나무 같은 것이 쌨지(많지) 않습니까. 막 주워다가 시체 위에서 덮더라고. 그러더니 휘발유를 뿌려버려. 총 한번 쏴버리니까 불이 확 퍼지데. 그때 휘발유가 무섭다는 걸 알았습니다. 총 한번 꽉 쏘니까, 불이 이는 거야 막. 불이 확 번져가지고, 전부 다 타는 거야. 군인 가족 나오고, 나온 사람들은 불과 한 여남은 명 됐어요. 군인들은 어디로 갔는지 가버리고 없어요.

그 와중에 임신한 마누라는 배 아프고

우린 어디로 갈 생각도 없고, 초등학교를 찾아갔다고…. 학교를 찾아가니까 해가 다 졌단 말이죠. 그런데 입구에서 군인이 이불을 빼앗아버려. 달라고 하는데, 안 줄 수가 있나.

나하고 안식구하고, 일곱 살 먹은 큰 애가 아들, 그 다음이 딸인데, 네 살 먹었고. 그래서 식구가 넷이 있었어요. 들어가보니까 교실 안이 꽉 차서, 앉을 데가 없어요. 바닥이 다 물이야. 이상하다. 근데, 이게 물

이 아니라 오줌이야. 오줌이 마려워도 못 나가게 했어요. 거기에 딱 집어넣으면, 못 나가는 거야.

그때 젊은 사람이 후레쉬를 들고 사방을 다니더니 젊은 애들, 젊은 아가씨들을 가자고 끄는데, '내일 아침에 밥할 사람이 없다고 밥 좀 해달라'고 데리고 나간단 말이야. 아가씨들 반 나갔지. 얼추 다 나갔어. 그때는 몰랐지만 젊은 사람들은 부역꾼으로 뺐어.

그런데 참 이상한 일이지. 내려올 때만 해도 괜찮더니, (안식구) 배 안에서 애가 나오려고 하고 있는 거야. 애 나올 달이 섣달그믐인데, 학교에서 애가 나올라고 하니까 사람이 견딜 수가 있나요. 애가 나오려하니 배가 아프지. 방안에 있는 어느 사람이 했는지 모르겠는데, (군인에게) 신고를 했어요. 신고하니까 조사를 세번, 네번 와. 애 엄마는 애가 나올라고 그러니까, 아파서 몸도 안 좋고, 말을 못합니다. (군인이) '나오라', 이거야. 저 사람을 업고 내가 따라 갈 수 있냐, 그거야. 놔두면 죽잖아요.

그래서 업고 학교 운동장으로 나가니까, 그 운동장에 학교 의자를 다 쌓아 놔. 업고 나가니까 (의자에다) 불 놓고 "오늘 저녁에 좋은 꼴 보겠다", 이러면서 쌍말을 해. 그렇게 말한 사람(군인)을 세우더니만 몽둥이로 때려 패더구먼. "이 새끼, 뭐야? 애를 낳는 건, 영광인데, 그런 소리를 하느냐, 너는 그것밖에 생각이 없느냐?" 보니까 대장이야.

부모 죽은 날 아들이 태어나

학교 교장 사택이 있었어. 거기도 방만 있지 문짝이 없어. 벽도 다 무너져 버리고, 기둥도 날아가버리고, 그렇습디다. 불태운 집이야. 거기에서라도 애를 낳도록 하려고 군인이 데리고 갔어. 여기서 애를 낳아야 되는 건가, 어째야 되는 건가, 그런 것도 모르지요. 금방 한두 시간 전에 부모형제들, 사람을 10명이나 죽였습니다. 한 날에 다 죽어버렸는데, 뭐하려고 애를 낳는다고…. 내가 한숨이 나와 가지고 가슴을 막 두드렸어요. 내가 나온 게 뭣 때문이냐. 우리 부모형제가 거기에서 다 돌아가셨는데. 그래도 내가 살아야 원수를 갚지. 우리 자식들 공부도 시켜보고…. 그래서 살아났습니다.

날이 새서 보니까 바로 옆에 물이 있는 거라. 돼지다리 삶은 것, 밥 먹다가 남은 것, 확 늘어져 있어. 군인들이 어제 저녁에 여기서 밥을 먹었구나. 군인이 밥하고 국하고를 들고 와서 '산모 밥을 먹어야 된다', 이거야. 사람을 죽인 사람들인데, 이런 사람도 있나. 오늘 참 영광이다. 저런 사람을 만났기 때문에 내가 산거지. 안 그랬으면…. 거기에 갇혀 있었으면, 내가 나이가 젊으니까 나올 수가 없거든요. 젊은 사람들은 전부 부역꾼으로 뽑아가지고, 한 군데에 가둬놓고, 죽였거든요.

밥하고 국하고를 애들 먹으라고 하니까, 입도 안대요. 애 낳은 엄마에게도 먹으라니까 "나도 배 안 고파요." 그런 와중에 애가 나왔습니다.

학교 교실 안에서 사람이 울고불고 소리 지르는 게 어지간했는데, 한밤중 되니까 사람 소리가 안나. '이 사람들이(군인들이) 밤에 사람들을 데리고 가서, 어디 가서 죽였나, 어쨌나' 하는데, 군인들이 왔다갔다 해. '나오면 죽는다', 이거야. "문 밖으로 나오면 죽는다. 다 안으로 들어가라. 나오면 누구라도 쏴 버린다." 딱 주의를 시킵디다. 이야기하다 보니 두서가 없네요. 뒤에 할 이야기를 앞에 하고.

애 낳고 날이 새고 난 뒤에 군인이 자꾸만 가라, 그러는 거야. 그래서 금방 나온 애를 들쳐 업고 나왔어요. 자기(안식구)도 피, 나도 피, 모두 핏덩어리야. 애 낳고 나서 산모가 태를 갈라야 되는데, 입으로 끊자니 그럴 수노 없고, 칼이 있어야 끊죠. 바깥에 보니까 가위 소쿠리가 다 있어. 산모가 보고 달라고 그래. (태를) 소쿠리에 났는데, 태 안에 피가 꽉 찼어. 마당에 굴을 파놨더라고. 거기에 다 집어 던져버리고….

그리고 날이 샜는데, 가라고 하는 거야. 벌떡 일어났어. 네 살 먹은 것은 걷질 못하니 짊어지고 업고…. 산모는 금방 낳은 애를 치마에다 둘러말아서 업었단 말이야. 저만큼 나가다보니까, 내 고장이니까, 어디 어딘지 대강 알잖아요. 돌아보니까 연기가 자욱하게 나고, 총소리가 깨 볶는 소리 같아. 내 속으로 '저기 가서 모두 죽이는가보다.' 내려오다가 한 100명 죽었거든요.

한 십리쯤 내려가야 마을이 있습니다. 내려가는 도중에 우리 집안

사위가 하나 올라와. 어디에서 말을 들었던지 자기 장인, 장모, 처남들, 다 어떻게 되었는고, 묻더라고. 죽었단 소리는 못하겠는 거야. "나도 피난도 안가고 있다가 이 모양이 되어 있다. 나도 형님 형수 전부 다 죽었다. 가지마라. 너 거기 가면 저승이야 내려오질 못해. 올라가면 너네 집에 못 와." 그렇게 말하고 내려갔거든. 따라 내려오더라고….

자기 동네 앞에 가서 자기 집으로 들어가자고 하고, 나는 안 들어가려고 하고…. 그러는 중에 애들 중 하나를 떡 하니 데리고 가버려. '애를 데려가면 안 오겠나' 하고. 애는 또 자기 데려간다고 울고…. 가만히 생각해보니까 '이래선 안 되겠다. 따라가봐야겠다.' 가니까 자기 사랑방 한 칸을 주더라고, 갈 데도 없고, 쌀도 우리 집에 있고…. '여기에서 먹는 데까지 먹고 살아보자.' 그 사람이 나하고 팔촌간이야. 거기에서 살아가지고 여태까지 살아남았습니다.

불찰 속에 태어난 아이

집을 불태웠다고 하셨잖아요. 하루 사이에 다 불태워버린 겁니까? 초닷샛날 불태워 버린 거예요?

그 전에 난리가 크게 나기 전에도 군인이 가끔 와서 한 집, 두 집씩 불태운 적이 있어요. 정월 초닷샛날 불 지를 때는 불과 한 시간도 안됐을 거예요. 호각 소리 나니까 여기저기 연기가 푹 솟아오르는 거지. 호각 소리가 '불 지르라', 이거야.

아침에 불을 질렀습니까?

아니지요. 점심때가 되어서 군인이 우리 동네를, (반장이라고 해서) 날 보러 왔기 때문에 내가 마중을 나갔다고. 동네 어귀에서 기다리고 있다가 나가서 선발대를 보고 '수고하십니다' 했더니 '반장이냐'고 묻더라고. 그래서 "내가 반장입니다" 했더니 "우리 200명 정도 되는데 밥을 못 먹었다. 우리 이렇게 다니면서 아직 굶고 있다. 밥 좀 빨리 해 줘라." 그래서 밥을 했습니다.

그때 반장을 하고 있었습니까?

실제 반장은 아니었는데, 반장이라고 했지. 우리 마을로 오는데 그냥 반장이라고 대답했지.

머리가 참 잘 돌아가셨네요.

어쩐 일인지 말이 나오데. 그때 내 나이도 반장할 만치 되어 있었고. 사람이 거짓말도 할 때는 해야 돼요. 그때 군인 가족이라는 건 말짱 거짓말이지. 이제 (아들이) 일곱 살인데, 언제 군대갈 꺼야? 애가 군인들 옷을 보더니 발발 떠는 거야. 처음 봤으니까 무서워서 떠는 거야. 그렇게 발발 떠는 거 보니까 그냥 '나도 군인 가족이다', 그랬지.

그때 자기 가족이 군인으로 가 있었는데도 촌사람들은 군인 가족이 뭔지 몰라서 못나간 사람도 많았어요.

그때 태어난 애 이름이 뭡니까?

문명주. 밝을 명(明), 기둥 주(柱). 나이가 55세입니다. 학교 가면 일등

이야. 장학금 받아가지고 다녔지. 서울에 와서 졸업해가지고 한전에 갔지. 다른 회사에서 그것보다 돈 더 줄테니까 나 따라가자고 해서 한 열흘 못 다니고, 다른 회사 들어갔습니다. 그 회사가 지금도 있는데 55 세로 상무입니다.

명주한테는 그때 얘기하기 싫어서 자주 안합니다. 오늘 어쩌다보니 그 말이 나와서 했지요.

일곱 살, 네 살짜리 애들은 어떻게 됐습니까?
일곱 살짜리가 큰 앤데, 느지막하니 여식 둘을 더 낳아 오남매를 키 웠어요. 이름이 일만 만(萬), 기둥 주(柱), 만주가 지금 환갑 넘겨서 63세 네. 네 살짜리는 여식 앤데, 옥석(玉石)….

얼레빗이 어머니 마지막 유품

사건 난 이후에는 어떻게 지냈습니까?
사건 난 이후에 가는 도중에 나하고 팔촌간 되는 사람을 만나 그 집 사랑에서, 피난을 한 거죠. 그런데, 나이가 많은 할아버지가 어디에 숨 어 있었던지, 거기로 찾아내려왔어요. 면에서 조정을 해가지고, 경찰들 이 들어오고, 정치도 좀 하고…. .

그 (사람들) 죽은 동네에 가서 어떻게 해서든 농사를 지어야 될 것 아 닙니까. 어떻게든 빨리 가서 농사짓고 하라고 합디다만 무슨 돈이 있 어야지요. 나는 돈도 많이 있었는데, 태워버리고, 소도 많이 있었는데,

한 마리도 없고…. 농사를 지어야 하는데, 그때는 경운기 그런 게 없었습니다. 소가 아니면 논을 못 갈아요. 소가 그렇게 중요했지요. 지금은 소로는 농사를 짓진 못 한단 말입니다. 전부 경운기로 다 하지요.

그리고 또 한 가지. 진주법원에서 판결이 나지 않았습니까. 양자 갔다고 난 유족이 아니란 거야. 나 낳아서 키운 생부모가 중요합니까, 양부모가 중요합니까. 생부모가 날 안 낳아서 안 키웠으면 난 이 세상에 나오지도 못하는데, 어찌 이런 법이 있습니까. 항의를 좀 했습니다. 그래도 안 되데요.

가족 중에서 돌아가신 분이 누구입니까?

어머니, 형수, 형님, 제수, 그리고는 전부 조카요. 학교까지도 못가고 내려오다가 죽었습니다. 탄량골에서 죽었어요. 내가 살던 동네가 대현리인데, 여섯 동네가 있었고, 탄량골도 대현리로 들어가 있었어요.

내려오다가 (군인들이) '군인 가족 손들으라' 고 했지요. 손들고 나오니까 (남아있는) 한 100명이 죽어버렸죠. 우리 네 식구가 나왔고, 그 다음에 다 죽였어요.

거기서 가족들이 죽었지요. 내 동생은 지금 살아 있습니다. 동생이 지금 다시 결혼을 해가지고 살고 있는데, 그때 동생도 애들 서넛이 있었거든요. 그때 다 죽었습니다. 동생은 군인들에게 붙잡혀서 짐 지고 다녔어요. 군인들 짐 지고 따라다녔는데, 나흘인가 닷샌가 꼬박 그 사람들 따라다녔어요. (가족들이) 이렇게 죽은 줄도 모르고 다녔지요.

동생분이 어디로 따라 다녔죠?

군인들 탄환짐 같은 것 짐 지고 따라다녔는데, 어디로 갔었는지는 모르더구만. 짐 지고 다닐 때는 (군인들이) 동네 와서 불 지르고, 그런 것도 몰랐죠. (나중에) 가라고 해서 왔는데 집도 없지, 식구들 다 죽어버렸지. 동생이 환장을 해가지고…. 안 그랬겠습니까? 그렇게 깊이 사랑하고 살던 그 사람들이 없어져버렸는데, 사랑하던 애들도 모두다 죽어버렸지. 엄마 죽었지, 형님, 형수, 조카들 다 죽어버렸지.

탄량에서 솔가지를 얹어서 태운 시체는 어떻게 되었나요?

그 죽은 시체를 3개월간은 어쩔 수가 없었다고…. 그때 경찰이 앞에 서고 우리는 뒤에 따라 가고, 올라가던 도중에 부모형제가 죽어있는데, 어떻게 됐나 보려고 경찰한테 얘기하고 봤어요. "여기 내 부모형제가 다 죽었소. 좀 용서해주소. 내 잠깐 보고 가렵니다."

까막까치가 새카맣게 앉아가지고 죽은 시체를 뜯어 먹는 거라. 그거 보니까 눈물이 나가지고 당최 길을 걷질 못하겠어요. 돌멩이를 던지고 해도 까막까치가 날아가질 않아. 그 시체 뜯어먹을라고…. 그리고 나서 산 사람들이 서로 연락을 해가지고, 며칠날 가서 우리 부모형제를 가려내자고 했어요. 그게 사건 나고 석 달이 넘었거든요.

정월, 이월, 삼월, 석 달을 썩었단 말이야. 까막까치가 불이 타서 오그라든 시체를 막 파제끼고. 아이고 말도 못해. 사람 하나한테 까마귀가 몇 십 마리가 올라앉았는지. 새카맣게 앉아서 파먹는데, 기가 막혀서 말도 못해.

서로 연락을 해가지고 아무 며칠날 후손이 살아있는 사람은 부모형제를 가려야 되지 않겠냐고 해서…. (군인들이) 거기에(시체에) 불을 놔가지고 태웠지, 썩었지. 부모형제가 누가누군지 모르겠더라고, 얼굴이 타버려서 몰라요.

다른 사람은 다 가렸는데, 어머니는 못 가리겠어요. 아무리 봐도 없어. 다 오그라져서…. 같이 일하는 사람들한테 "이 사람들아, 다른 사람은 다 있는데 우리 부모는 못 찾았다. 좀 찾아보자." 어느 부녀 하나가 머리 빗는 빗, 얼레빗이라고 나무로 된 큰 빗 있잖습니까. 그걸 손자가 가지고 있었는데, 할머니가 뺐더라는 거야. 그래서 샅샅이 찾아보니까 빗이 나와. 빗에도 불이 붙어가지고 반쯤 탔습디다. 그래서 어머니를 찾았지, 그렇게 안하면 못 찾아요. 얼굴이 전부 녹아서, 완전히 변해버려서 몰라.

거기 와서도 못 찾는 사람도 많이 있었어. 그래서 장사를 어떻게 지냈냐면, 거적 하나로 (시체들을) 돌돌 말아가지고 바로 그 옆에 다같이 묻어버렸어. 악이 나가지고, 더러운 것도 모르고 막 주물렀거든. 손에 피가 묻어도, 내 형제고, 부모인데, 더러운 게 뭐 있겠느냐, 악이 올라가지고 마구 주물러댔어요. 물컹해가지고 피가 줄줄 나오고. 그건 말로 다 못해.

그때 사람들이 많이 갔습니까?

인근 동네에 몇 사람 없으니까 부역꾼이 많이 왔지. 오지 말라고 해도 오는 사람들도 있고. 사람들이 많았지요.

군인 가족이라고 손만 들었더라면…

왜 그 사람들을 학교로 끌고 가지 않고 탄량골에서 많이 죽었습니까?

학교는 만원이 되가지고 선발대한테서 못 온다고 연락이 왔던 모양이라. 많이 내려가고 있는데, 가다 보니까 군인 서넛이 올라오고, 갑자기 서더니 호각을 확 불면서 '돌아서' 라고 하는 거야. 내 생각에 '골짜기로 자꾸 끌고 들어가는 건 이제 다 죽이려고 그러는 거다.' 휘발유로 태워버리니까 사람이 몇 명 죽었는지도 몰라요.

그때 학교도 같이 들어간 사람은 몇 명 안됐겠네요? 탄량골에서 안 죽고 살아남은 사람이 교실로 들어갔을 것 아니에요.

그렇죠. 우리 마을뿐이 아니고 이 동네, 저 동네 모아서 신원 1면 사람들을 가둬놨거든요. 그때 (탄량골에서) 나하고 우리 가족하고는 나왔고…. 어떤 부녀 하나가 살았는데, 총소리가 나서 엎드렸는데, 바위에 가려가지고 하나 살아났죠. 죽은 듯이 엎드려가지고 있는데, 배 위에 불을 댕기더라는 겁니다. 일어나서보니까 자기 가족도 거기에서 죽어버리고, 자기 아들도 거기서 죽어버리고 자기 혼자만 살았어요.

그래서 밤새도록 다른 데로 갔어요. 신원면은 아니고, 다른 데로 피난을 가버렸어요. 거기에서 살아남은 사람은 나하고, 그 사람하고, 사람이 한 여남은 명 되었어요. 자기 아들이 군인으로 가서 장교인 사람들도 있고, 그런 사람들이 있었거든. 군인 가족 손들이라고 하니까 자식이 군대에 갔어도 손을 안 들었단 말이여. 그래서 다 죽었잖아요. 손만 들었으면 죽진 않는 건데….

어르신은 '우리 애들이 커서 군인 될 거니까 군인가족과 마찬가지다', 그렇게 생각하신 거죠.
그 애 명주 때문에 내가 살았다.

만주, 명주, 모두 군대 갔습니까?
네, 다 갔지요. 다 갔습니다. 군대를 어디로 갔냐면 제주도로 갔는데, 군에 갈 적에는 통통했는데, 제대해서 나오니까 거미에요. 바짝 말랐어요.

그때 교실에 들어간 것은 몇 시쯤 됐습니까?
그때 해가 짧았거든. 정월달이었으니까. 정월달도 바로 초승이란 말이야. 그러니까 한 다섯 시, 그 쯤 됐습니다. 교실 안에서 불과 한 세 시간쯤 있었을 거야. 사람을 꽉 밀어 넣어 놓으니까 전부 쪼그리고 앉았는데, 그것도 발밑에 보니까 철벅철벅해. 사람이 어지간히 많아야지. 오줌은 나오는데, 나갈 수 있어야 말이지. 문 열고 들어가 버리면 못쓰겠어서, 난 밖에 있었어. 바로 문 밖에 복도에 있었지.

거기에 어린 애들이 그렇게 많았습니까?

그때는 모두 장가를 일찍 갔어요. 우리들 장가갈 적에는 스무 살 전에 다 가고, 조금 늦게 간 사람은 스물 하나 둘, 이렇게 갔지. 장가를 일찍 가니까 애들이 많았지요.

그 교실에 모였다가 죽은 아이들이 한 300명 넘는다고 하잖아요? 그렇게 많았어요?

우리 동네뿐 아니고 다른 동네 사람들도 있었어. 교실에 갇혀 있다가 죽은 애들 뿐만 아니고, 청연에서 죽은 애들도 많고, 탄량골짜기에서도 애들이 많이 죽었고….

교실에 사람도 빽빽하고, 애들도 많은데, 시끄러웠나요? 아니면 조용했습니까?

시끄럽고 그러면 사람들을 다 죽여버려요. 조용해요. 애들을 이끈 부모가 순경 온다고 하면 우는 애들도 다 그쳐. 군인들이 조용히 시키는 거야. '떠들면 없애버린다' 고…. '없애버린다' 는 게 '죽인다' 그 소리야.

당신은 양자로 갔으니까 유족이 아닙니다

애 낳는다고, 교장 관사로 빼낸 사람이 장교였어요?

군인들이 드나들면서 후레쉬로 비쳐가지고 왔다갔다 자꾸 하는 거야. 부녀라고 데리고 나가고, 나같이 젊은 사람들 데리고 나가고…. 그러던 중에 어떤 바깥에 있는 사람이 '애를 곧 낳는다' 하면서 상관에게 신고를 했던 모양이지. 한 사람이 오더니만 세번을 확인하더구만. 두번은 와서 조사하고, 내 얼굴 보고, 애들 보고 하더니만 세번만에 '애 업고 갈 수 있냐' 고 묻더라고. '애 업고 갈 수 있다' 고 했지. 나가니까 운동장에 학교 의자를 전부 다 모았더구만. 그 의자를 모아서 전부 태워버렸어요.

아까 '쌍말 했다' , 이런 말 했잖아요. 이게 무슨 말이죠?
쌍말이라는 게 여자 그 밑에를 보겠다는 거야. 애를 낳으니까 여자 그걸 보겠다. 오늘 저녁에 좋은 것 보겠다는 거야.

쌍말을 한 군인을 나무랐던 사람이 장교입니까?
그 사람이 장교인가봐. 장교가 그런 소리 할 게 못된다고, 총 개머리판으로 패버렸는데, 난 죽었지 싶어. 내려오더만 총을 확 잡아서 뺏더라고. 그걸로 패대는데…. 두번, 세번, 패니까 딱 쪼그라들었어. 내가 보니까 죽었는가 싶었는데 또 일어나. 군법이라는 게 죽기 전에는 일어나야 하는 모양이야. 또 때리니까 쓰러졌다가 또 벌떡 일어나요. 아이고 군법이라는 게 참 엄합디다.

그 장교가 "이 새끼 뭐라 하노? 내가 다 듣고 온다. 불칼 속에 애가 나오는 게 영광이다" 라고 하더만. 등을 툭툭 때리면서 '애 낳는 게 영광이다' , 그랬지. 그때는 뭐가 영광인지 몰랐지. 겪고 보니까 좋은 일이지. 그 사람은 양반이고…. 군인들끼리 뭘 영광이라고 하냐고, 그런 사람도 있었어.

학교에는 한 2~3일 있었어. 그리고 어찌어찌했는지 거창군 신중목 씨가 국회의원인가 뭐 했는데, 그 어른이 소식을 듣고 거창에 오다가 시홍제라고 산골인데, 군인들이 저 높은 데서 총을 '탕탕탕' 하니까 신중목 씨가 차를 세워놓고 이게 뭔 소리냐 해서 다른 곳으로 돌아서 신원으로 들어왔습니다. 그때 처음으로 그 사람이 죽은 사람을 좀 위로했어. 그때는 사람들만 모여도 순경이 와서 "너 이 새끼, (거기서 모여서) 뭔 소리했느냐", 그랬지요. 그때는 순경이 사람 때리는 건, 우리들이 파리 한 마리 죽이는 것과 같은 거야. 순경이라는 게 참 무서웠어요.

양부모님은 안돌아가셨죠?
그 사건 나기 전에 돌아가셨습니다.

친부모님이 돌아가셔서 유족신청을 하니까 '당신은 양자로 갔지 않소, 여긴 친부모니까 당신은 유족이 아니다' 라고 이야기 했단 말이죠?
판사가 "당신은 양자로 갔으니까 유족이 아닙니다." 그러니까 눈물이 확 쏟아지면서, "판사님 어찌 이런 법이 있소. 나 낳아준 부모가 가장 소중하지. 양부모는 법으로 부모라 하지, 나는 생부모가 양부모보다 더 애정도 많고…." 그러니까 '그런 게 아니다' 라고 하대.

사건 난 후에 다른 기자나 국회의원이나 글 쓰는 사람이나, 그런 사람들 만난 적 있습니까?
숱하니 왔습니다. 그 후에 거기에서 농사를 여러 해 지었습니다. 어디에서 말을 들었는지 찾아와가지고 이런 조사, 저런 조사 다하고 갔지. 난 혜택을 못 봤습니다. 법에서 문홍한이라는 사람은 유족이 아니라고 빼내버리는데, 혜택을 볼 수가 없잖아요.

조사에 응한 후 신문 같은데 나온 걸 본 적이 있습니까?
난 못 봤는데, 신문에 많이 나왔다고 합디다.

그때 얘기를 할 때 기분이 어떻습니까?
기분이 안 좋죠. 이렇게 해서 부모형제가 살아난다면 좋지만, 만날 해봤자 마음만 시달리지. 법에서 문홍한이라는 사람은 유족이 아니라고 점을 딱 찍어놨잖습니까? 유족에게 얼마씩 돈도 안 줬습니까? 난 십 원 한 장도 못 받았습니다.

유족으로 등록이 안 되어 있어서요?
난 등록이 안돼 있답니다. 유족인데도, 양자로 간 사람이 많이 있잖아요. 그 사람들은 그런 것, 저런 것 안 가리고 당당히 유족으로 행사하고 있잖아요. 진주법원 거기에서 판결하기 전에 '난 유족이다', 유족행사도 많이 했습니다. 그런데 판사가 유족이 아니라고, 너는 자격이 없어, 했단 말야. 그리고 나니까 내가 뭐 유족도 아닌데, 돈 때문에 그런다고 흉을 볼까 싶어서 부끄러워서 가지도 않았습니다. 다른 사람은 양자로 가도 적발이 안됐는데, 나는 어찌 법에서 알고 점을 찍어놨는고…. 맘이 좀 그렇습디다.

저는 대현에 사는 정현순이라고 합니다. 호적상
에는 41년생이라고 돼 있는데, 본래는 39년생입니
다. 음력으로 동짓달인데, (군인들이) 집 안에 사람
들이 있는데도 막 불을 질렀어요. 저희 집은 그때 흙
이랑 돌로 삥 둘러서 담을 쳐놨어요. 동네에서 고렇
게 담을 친 집은 저희 집 한 집뿐이었어요. 그런데
아래채에 불을 지르고, 몸채에 지르고 하니까 담이
높아서 나갈 수가 없잖아요. 그래서 저희 어머니가
저를 담 위로 올려 살은 거라예. 그래서 밖에서 사람
들이 저를 받아줘서 나왔어예. 안 그라면 불에 타 죽
었을 꺼라. 그리고 소를 마당에 일곱 마리 매어놨는
데, 피난시킬 데가 없어가지고 한마리만 겨우 피난
시키고, 여섯 마리는 마당에 매 놓고.

정
현
순

왜 군인 아저씨가 우리를 죽일꼬

영문도 모르고 신이 난 아이들

(그리고 한참 있다) 또, 섣달그믐날이 됐는데, 내일이 설인데…. 군인들이 한뭉탱이가 도로길로 올라가는 게 보여요. 죽 올라가더니만 또 내려왔어요.

또 정월 음력으로 초닷샛날 아침, 한 아홉시 쯤 됐어. 딱 햇살이 퍼지는데, 군인들이 또 와서는 문을 열면서 '빨리 나오라' 고, '아무것도 필요가 없응께 딱 몸뚱이만 나오라' 고 해요. '돈도 쌀도 다 필요 없고, 나오면 좋은 데, 편한 데 데려다준다' 고 하면서. 그래도 '소는 몰고 가자' 고 해요. 아무것도 가져가지 말자 하고 소는 몰고 가자 카데요.

그때 우리 집은 할머니, 저, 어머니, 동생, 이렇게 네 식구가 살았어예. 그래서 우리 할머니하고, 어머니하고 소를 한 마리씩 몰고, 우리 둘은 따르면서 어디론가 끌려갔어예.

참, 이런 얘기 우리 영감과 50년을 살았어도 안 해봤어요. 이런 얘기

하는 거 처음이라예. 그래가지고 소를 몰고 문홍학 씨 논 뒤 구석이 봇드랑(산이나 골짜기에서 내려오는 물을 논으로 흘러가도록 파놓은 수로)이라예. 지금으로 말하면 물대는 수로라 해야 될란가 모르겠습니다. 그 봇드랑에다가 우리 동네 사람들을 한 줄로 쭉 앉히니께 목이 봇드랑 위로 요만쯤 쏙쏙 올라오더라고예.

소도 있고, 염소도 있었는데, 소랑 염소랑은 즈그들이 가지고, 우리에게 총을 쏜다고 하는 기라. 그러더만은 어떻게 마음이 변했는지, 일어서라 해서 좁은 길을 따라서, 봇드랑을 따라 내려오면, 학교 밑에가 버드나무 갱변이었는데, 거기까지 가서는 소는 한 쪽에 매라 카고 동네 사람들은 나무 옆에 앉으라 카대요. 그라고 군인들은 '강성보'라 카는 봇드랑이 도랑 건너편에 있었습니다. 거기에 주르륵 서서는 우리에게 총을 겨눠요.

그러더만 자리가 안 좋은가, 어쩐가 또 호각을 불고 '일어서'라고 해가지고 일어나 가지고 초등학교로 온 기라요. 애들은 어리니까 즈그들이 학교 다니는 길이라 좋아서 홀떡홀떡 뛰면서 군인들을 따라가는 기라. 군인 하나는 노래를 되게 부르고, 군인 하나는 맘이 안 좋아가지고 "느그 몇 살 묵었노? 이 군인을 느그 아버지라고 해라. 그러면 안 죽인다" 카대요.

그래가지고 (군인들을) 따라 (학교 마당까지) 왔는데, 오니까 애들 조회하는 것처럼 (우리들을) 마당에 세워놨어요. 그러더니 어떤 군인 하나가 길이가 1m 정도 되는 몽둥이를 들고 학교 교단 위로 올라섰어예. 서가지고 사람 혼을 빼요. "내가 김일성인데, 김일성이 좋은 사람 손들어라," "이승만이 좋은 사람 손들어라" 카대요. 모르고 손든 사람들은 뚜

드러 맞았어요. 할매들도 모르고 손들고….

그래가지고 해가 산을 넘어가려 하니까 첨에는 어두워지면 다 죽인다고 하더라고요. 어두워지면 다 죽인다고 세워놨는데, (어두워졌는데도 죽이지 않고) 교실로 다 데려갔어요. "다 죽이면 안 되고, 여기서 흑백을 가리고, 군인 가족도 좀 찾아야 된다." 이러면서예. 6·25 때 인민군들이 후퇴해서 내려오고 안했습니까? 인민군이 좋은 사람은 손들라고 하면서 계속 혼을 빼놓는 기라. 그러다가 한 아홉시쯤 되니까 젊은 사람들을 추려요. 또 젊은 각시, 예쁜 큰 애기들을 추려요. 나도 우리 엄마 없었으면 몬 살았을 긴데, 그때 우리 어무이가 서른 세살 먹었거든요.

그라고 있는데, 얼라들이 얼마나 많습니까? 얼라들이 밤새 배고프다고 울고, 발 시리다고 집에 가자고 울고…. 밤을 새면서 얼라들이 화장실 가고 싶다고 하면 또 군인들이 화장실에 데리고 갔어요. 우리를 데리고 가서 볼 일 다 봐주고, 즈그끼리는 소 잡아서 밤새도록 묵고….

참, 애들이 배고프고 발 시리다고 우니께네 어머니들, 할머니들이 신에다가 자기 오줌을 눠서 애기를 믹였어예. 안 좋은 걸 알아도 할 수 없고, 살아야겠고. 군인들이 밤새도록 사람을 죽인다 하기에 저희도 밤새 울었어요. 어찌 죽일까 싶어서요.

왜 군인 아저씨가 우리를 죽일꼬….

(사건이 나기 전) 군인들이 겨울에 싸움하러 가면서 먹을 걸 해 주라고 카대요. 그래서 동네 사람들이 쌀을 볶아 가지고 미숫가루를 하라 캐

요. 그래서 디딜방아에 쳐서 면에다 바치는 기라예. 그러면 그 군인들한테 이래 공급이 되는가. 그걸 군인들이 차고 다니면서 먹는다 카대예. 또 군인들한테 위문편지인가 그런 걸 쓰라고 카대예. 그래서 편지도 썼었어요. 우리는 군인들 먹고 살 게 하려고 미숫가루도 해주고 했는데, 왜 우리를 죽이는고. 우리는 맨날 군인 아저씨 욕본다고 학교에서 배웠거든요. 그런데 왜 군인 아저씨가 우리를 죽일꼬. 그런 마음이 불썩 불썩 생기더라고요.

놀러를 가도 이웃끼리 자리를 이래 마련해가지고 잘 (모여) 앉지 않습니까? 그 난리 와중에도 우리 동네사람을 우리 동네사람들끼리 얼추한 군데 교실에 모였어요. 너무 비좁아서 편히 앉지도 몬하고 밤을 넘겼어요. 그래 넘기는데, 우리 이웃 아지매 하나, 또 아지매들은 군인들

밥 해주는데 뽑혀나갔다가 저녁하고 (다음 날) 아침 해주고 또 교실로 들어왔어요. 들어오면서 우리 장갑에 밥을 조금 넣어주더라고. '묵으라' 카면서예.

외삼촌이 그때 면사무소를 다녔는데, 외숙모는 피난을 가고 없고, 외할매 내외, 외중조할매, 또, 외종중조부가 있었어요. 외종중조부, 거가 또 세 식구라예. 그런데 거기 할매가 보리밭에서 다리가 부러졌어요. 그래서 외종중조부가 지게에 짚을 깔고 할매를 앉혀서 지게를 매고 대현에서 학교까지 지고 내려왔어요. 그 다리 부러진 사람을 지게에서 내리지도 못하는 기고. 지게를 학교 마당 나무에 기대놨어요. 저녁에 우리들은 교실에 들어가고, 그 집 세 식구는 학교 마당에서 밤을 새웠어요.

우리는 교실에서 밤을 새웠는데, 우리 막내 외종조부가 그날 저녁에 일꾼으로 뽑혔어요. 외종조부님이 겨우 서른 다섯살이었는데, 부역을 안 가려고 수염을 길러서 꼿꼿한 수염이 이만치 내려왔어요. 이마는 좀 벗겨지고 그랬는데…. 인자 (외종조부가) 부역을 나가는데, 그런 자리에 있으니 꼭 살려달라고 말을 해놨어요.

그리 해 놓고 아침이 됐는데, 집에 군인이 있으면, 가족이 몇 명 딸렸는지를 세더라구요. 그러면서 군인이 하는 소리가 "시집간 딸은 동생이 군인이라 캐도 못 데리고 나가고, 또 시집 온 제수, 종조부, 이런 사람은 데리고 나가도 된다" 카는 기라예. 그러면서 연습을 시켜요. 가족 대표를 뽑아서 '아무개 가족이 몇 명이냐?' 이라면 손 퍼뜩 들고 '우리 가족이 몇 명이다.' 이런 걸 교실 안에서 했어요.

그게 다 끝나고 우리는 외삼촌이 면사무소 다니니까 그 가족으로 해서 나왔는데, 나온께네 할매도 여럿이니까, '왠 가족이 이렇게 많냐'고 하더라고요. 작은 집도 있고 이래 논께 많았지. 나가니까 교실에서 총소리가 한번 '빵' 하고 나더라고.

그래 가지고 인자 교실에서 마당에 나왔는데, 사람이 어북 많아요. 그런데, 어떤 할아버지가 갓도 못 쓰고 탕건 하나만 쓰고 계시면서 "대장님, 대장님 제가 우리 며느리하고 자식을 안 데리고 나왔는데, 며느리를 데리고 나와야한다"고 하니까 개머리판으로 어깨를 싹 때려요. 그러니까 (그 할배가 아(아기)를 업고 있었는데) 아(아기) 업은 손이 탁 뿌러징께 아(아기)가 툭 떨어지대요. 그래서 다시는 말도 몬하고.

남의 애를 업고 피난을 시켰어예

그라고 마당에 나온 사람들은 윤현으로 가고. (나중에 들으니까) 그 초등학교에서는 군인들이 교실 안에서 사람 혼을 빼더랍디다. 천장에 총을 쏴서 혼을 빼가지고 학교 뒤로 사람들을 몰고 가서는 세워놓고 총을 쏘더랍니다. 일꾼들은 빼놓고예. 총을 쏘니까 모두 꼼짝도 안하고 엎드렸다고 해요. 그러니까 (일꾼들을 시켜) 거기다 불을 지릉께 살아가꼬 하나둘 기어 나오더랍니다. 그러니까 또 총을 쏘더라고 해요. 그 다음은 일꾼들을 죽일 차례 아입니까? 그때 현득이라 카는 사람하고 저희 외종조부님이 있었는데, 군인들한테 살려주라꼬 하니까 '그래, 같이 따라가자' 카더랍니다. 그래서 양지학교로 따라 왔어요.

양지학교에 가서 있으니께 우리 고모부가 애를 업고 계시더라고요.

우리를 보더니 엎어져서 울면서 '우째 장모님은 살았냐' 고 하면서 고모부네 식구들을 피난 보내놓고 고모부 혼자 집에 있다가 잡혀왔다고 해요. 그래 '이 아는 누구냐' 고 하니까, 군인이 동네에 불을 지르러 왔는데, 군인이 신현수라는 사람을 챙기더래요. 그 분이 동네 유지 정도 되는 사람이라예. 그래서 고모부가 아, 저 사람만 따라다니면 안 죽겠다 싶겠더래요. 그래서 고모부가 그 집 큰 애를 업었어요. 그 집 큰 애 이름이 강식이라 카는데, 이 애를 업고 있으면 나를 같이 데리고 안 나가겠나 싶더래요. 그리고 다른 이웃사람이 신현수 씨네 딸을 업었고예. 그런데, 학교 교실에서 빠져 나갈 때 신현수 씨 이 양반이 자기들이 업은 애하고 손잡은 애만 챙기고 고모부가 업은 애는 안 챙기더랍니다. 정신이 없어서…. 그래서 "현수야, 현수야, 이눔아, 네 자식이나 데리고 가라" 고 고함을 질러도 고마 가더라 케요. 그래서 고모부가 그 사람들 죽이는 현장에까지 갔다가 죽어도 말은 하고 죽어야되겠다 싶어시 "저, 내상님, 제 가족은 차황에 피난 보내놨는데 제가 죽더라도 가족을 보고 죽어야 합니다." 이러니께 처음에는 안된다고 카드만 "그러면 나중에 나오라" 카더랍니다. 그래서 "고향 온다고 애가 하나 따라 왔는데 이걸 두고갈까요, 엎고갈까요?' 하니까 "엎고가라" 고 해요. 그래서 그 집의 아를 업고와서 피난을 시켰어예.

그래서 이 학교 마당에서 또 밤을 새우게 될란가 하고 있으니께 거기서는 "주위에 친척 있는 사람은 친척집을 찾아가라" 고 해요. 그래서 우리는 박 씨네를 따라 가서 거기서 이틀을 있었어요. 하룻밤 자고 나니까 일꾼으로 잽혀갔던 외종조부가 오셨어요. 오셔가지고 고마 가새(가위)로 수염을 깎아요. 수염이 시커먼 게 털보라서 눈에 띄니까 찾기 쉽다고 수염을 깎아요.

하여튼 거기서도 겁이 나서 오래 못 있고 봉산면 가래터라 카는 데가 있는데, 그리 갔어예. 거기서도 남의 집에 오래 못 있어서 남상 진목이라 카는 데로 또 갔어요.

남상 진목을 갈 때는 정월 그믐날인께네, 벌써 스무닷새 아닙니까? 그때사 남상을 갔어예. 남상을 가서 한 일주간 있다가 신원으로 오니까 집에 도둑이 들어와서 아무것도 없어예. 쌀도, 나락도 없고, 다 가져갔어예. 한 달 후에 집에 오니까. 그래서 그 난리에도 잘된 사람은 잘되고 망한 사람은 망하고 그렇습니다.

사관학교 갈 수 없어 요절한 동생

그 난리가 나니까 우리 신원 사람들은 사람 가치를 못 받아요. 아무리 공부를 잘 해서 출세를 하고 싶어도 신원조회에 떨어지고. 저희 동생은 사관학교에 원서를 넣었거든요. 원서를 넣고 필기는 됐어요. 그런데 보증 설 사람이 없어예. 그래서 사관학교를 못 갔어요. 그래서인지 병이 났어요. 병이 나서 스물 몇 살에 세상을 떠났어요. 동생이 세상을 떠나고 저 혼자 남았어요. 그리고 제가 결혼을 했는데, 영감(남편)이 어머니, 아버지, 조카들, 다 잃은 고아로 컸어예. 그런 사람을 만났어예. 나는 나대로 외롭지만 신랑이 참 불쌍터라고요. 그래서 평생을 그 양반을 믿고 살면서 나는 요만치라도 이렇게 잘 다니는데, 영감은 먹고 살려고 하다가 다리도 다치고 그래서 장애인이 됐어요. 불쌍코 그래서 '저 사람을 챙겨줘야지' 하면서도 저도 어떨 때는 툴툴거리기도 하고…. 어쨌든 외로운 사람들끼리 만나서 밥 먹고 이렇게 살고 있습니다.

그 난리 때만 생각하면 자다가도 눈물나고, 가슴 저리고…. 저는 어쨌든 살았응께 이런 말도 하지만 이 세상에 없는 사람은 이런 말을 할 수도 없잖아예. 그 난리가 난지 55년이나 되었어도 이런 말을 오늘 처음 하는 기라예. 영감한테도 이런 이야기 안해봤습니다. 동생이 그때 학교 시험만 되고 그랬으면 저도 살고 나도 살았을 긴데…. 그 난리 바람에 시대를 잘못 태어나가지고.

그때 교실에서 함께 있었던 분 다 기억나십니까?
예. 한 동네 사람들이 한 교실에 다 모여 있으니까 누가 누군지를 다 아는 기라예. 교실이 교무실까지 일곱 개라예. 그런데 산 사람도 몇 백 명 되는데, 죽은 사람도 그만치 숫자가 되니 얼마나 비좁았겠습니까. 닷샛날 죽인 사

람은, 교실이 비좁아서 사람들이 다 몬 들어온다 캤어. 그래서 죽였는
가, 그런 생각이 들어.

거기가 어디죠?
내탄마을 골짜기입니다. 우리는 오전에 일찍 내려갔고, 늦게 내려온
사람은 중간에서 머물다가 죽었어예. 우리 마을 동네 사람도 두 군데
에서 죽인다고 자리를 잡았는데 학교꺼정 간 거라예. 처음에는 봇드랑
에 앉혀놓고 죽일라 카다가 안 죽이고, 버드나무 갱변에서 죽일라 카다
가 안 죽이고, 그러다가 학교꺼정 내려왔어요.

학교에 모아 놓고 분류해서 죽인 것 이외에도, 따로 죽인 장소가 있었던
거군요.
처음에는 대현 사람들은 대현 앞에서 죽인다고 했어요. 집에서 쌀은
몬 가지고 나가게 하면서도 소는 몰고 가자고 했어요. 소고삐는 저희
가 받아들었어예. 학교에 와서도 소는 저희가 책임졌어요.
소 한 마리 피난을 시킨 거 그거 인자 가서 팔아가지고 그 해 봄에
먹고 살고. 그 해에 가물어서 모도 잘 몬 심었어요. 그리고 그 해 겨울
에 고 터에다가 집을 지었어요. 그 해에 우리 엄마 돌아가시고 이듬해
할머니 돌아가시고 동생이랑 저랑 살다가 우리 동생 죽고, 그렇게 살
았지요.

기와집에 쌀밥 먹게 해준다 해놓고…

교실 일곱 개에 사람을 몰아넣을 때, 이 동네 사람은 이 교실로, 저 동네 사람은 저 교실로 들어가라고 했어요?

그런 소리는 안해도예. 교실에 들어가라고 할 때, 동네 사람들끼리 한데 섰기 때문에 한데 뭉쳐서 앞 사람 허리를 잡고 들어갔어요. 마당에 이래 섰을 때부텀도 한테(한군데에) 섰어요. 낯선 사람하고는 못 있어요. 안 그래도 겁이 나는데. 한데 있어야 돼요.

그날 아침에도 군인들이 신원면에 올 때 저 멀리부터 총을 쏘고 왔어예. 그런께네 우리 이웃사람들이 미리 한데 모여 앉았는 거라예. 한데 모여 있다가 한데 나갔어요. 마당에 서 있을 때도 한데 섰고, 교실에 들어갈 때도 되도록 한데 뭉쳐서 들어갔어요.

한데 뭉쳐있었는데, 새터댁이라고 있는데, 그 집 아들이 부역꾼으로 나갔거든. 그 집 할매하고 우리하고 같이 있었는데 그 사람들은 다 죽어삐렸어요. 고마…. 아침에 가족 중에 대표를 세워놓고 몇 명이다, 이런 걸 연습을 했어예. 입장료 받는 매표소에서처럼 줄 세워놓고 사람들을 셌어예. 그래 살릴 사람은 교실 밖으로 내보내고, 죽일 사람은 교실에 싹 가뒀어요.

거기서 인자 나온 사람들은 애들을 업고 피난을 갔어요. 그런데 피난 간 사람들은 애들이 싹 다 죽었어요. 몇 안 살았어요. 업고 나간 애들은 싹 다 죽었더라꼬요. 어른은 별로 안 죽었는데 애들이 다 죽었어요. 피난을 갈 때 좀 젊은 청년들은 잽혀갈 가 싶어 피난을 가고, 남은 사람들은 괜찮을 거라고 집에 있고. 여자들도 그래서 집에 있었어예.

동짓달에 불을 한번 질렀습니까? 그때 군인들이 불 지르는 걸 봤습니까?

우리 집은 군인들이 동짓달 불을 질러서 싹 타버렸어요. 저기, 망루대(보루) 습격하고 와서는 불을 질렀거든. 불을 질러가꼬 집을 싹 태웠는데, 겨울에 집을 또 새로 지었어.

동짓달에 불을 지르고, 집이 타버렸는데 우리처럼 집을 다시 못 지은 사람들은 불 안 지른 이웃집에 가서 설을 쇠고요. 마을이 다는 안타고, 마을 반 채 정도가 탔어요. 그런데 소룡산이라고 있었는데, 거기서 총을 쐈는가, 총알에 맞아서 집 한 채가 또 불에 탔어요.

그때는 불만 지르고 사람도 안 죽이고 잡아가지도 않았어요. 맨날 군인들이 도로를 타고 올라갔다 내려갔다 했지요. 올라가면 지리산을 가는가, 어데를 가는가 그건 모르고요.

사람 죽이기 전 날, 밥은 제대로 먹었나요?

아니요. 아침은 집에서 떡국 끓여서 먹고, 끌려서 나가는데 우리 할머니가 줌치(허리에 차는 큰 주머니)에다 쌀을 한 줌 넣더라고요. 거기다 생쌀을 넣어 가지고 꿰차고 나왔어요. 그래서 저녁에 쌀을 씹어먹으니께 괘안테요(괜찮데요).

난리 때 비행기, 제트기니 그런 게 얼마나 무서워요? 숨으려도 댕겼거든요. 6·25 때 비행기 뜬다고, 폭탄 던진다고 해서 숨으러 다닐 때도 우리 할매는 쌀을 줌치에다 넣어가지고 잘 다니시더라고요. 어디가도

쌀 씹어 먹고, 물 묵고 하면 괜찮다 캐요. 그날도 쌀을 한 숨치 차고 나오서가꼬, 우리 둘이서 그걸 먹고. 그런데 떡 싸가지고 나온 사람도 있어. 설이라 눈께 떡 싸가지고 나온 사람도 있어. 그날 저녁에 보니께 떡국 끓여 먹는 사람도 있데예. 태문이 마누라, 그 양반은 군인들 밥 해주는 데 있었어요. 그날 저녁, 다음 날 아침 해주고 우리한테 있는다고 그랬다가 죽었어요. 그 양반이 아침에 우리한테 들어올 때 뭉친 밥이랑 벌건 고기를 조금 얻어 가지고 들어왔어예.

군인들이 한 말 중에서 생각나는 말이 있습니까?
생각나는 말은, 아까 봇드랑에서 학교로 왔다고 했잖아요. 자기 옆에 있는 군인을 가르키면서 애들한테, "이 군인을 아버지라고 부르면 느그 안 죽이고 살려준다." 그게 생생하고요. 또, 애들한테 "오줌 안 누고 싶냐"고 물었는데, 지금 생각하면 도망가라는 뜻이었는가도 싶고. 그리고 끌려나오던 날 아침에 "좋은 기와집에서 쌀밥에 잘 먹고 편히 살게 해준다"는 말을 했는데, 그런 건 생전 안 잊어버리죠.

저는 권도술이라고 하고 현재 여든 넷입니다.
1951년 당시에는 서른 두살 먹었었습니다. 그때 신
원 중유에서 살고 있었어요. 음력으로 정월 초닷샛
날인데, 한 4시경이나 되었는가, 정확한 시계가 없어
노니까 자세히는 모르지만은 저하고 우리 어머니,
처, 아들, 이렇게 넷이서 방에 앉아있으니께 앞동산
에서 총소리가 '팡팡' 나더니만 고만 (군인들이) 동
네 앞에서 "손들고 나와라. 피난시켜줄께 나오너
라." 그래서 (우리 가족은) 얼른 뛰어나갔단 말이야.
우리 나오고 나니까 동네에 고마 불을 싸질러버리
요. 사람이 나오니께. 남자들은 동쪽으로 세우고, 부
인들은 요쪽 들판으로 세우고. 제가 또 선생이라 앞
에 서고 뒤에 사람들이 죽 서가 있고 이런데…. 중유
에서 과정까지 내려오고 있는데, 우리 처가 소를
몰고 내려와. 우리 소가 있었어. 그래 박산에서 소고
삐를 풀어놓으니까 소가 뒷산으로 막 뛰어가더라고.
그래 군인들이 날 보고 '소 잡아' 라고.

권
도
술

굵은 뼈는 남자, 잔 뼈는 여자로 취급

빨갱이질 안 했으면 괜찮답디다

그래 내려와가꼬 인자 학교 앞으로 내려오니까 군인들이 몸수색을 하데. 수색해봤자 아무것도 없제. 그때 뭐 증명도 없제, 아무 것도 없단 말이야. 그래 인자 '교실로 들어가라', 이거야. 교실로 들어가서 어찌 우리 식구끼리 딱 모여저. 그래 인자 서로 등을 기대고 그리 있는데, 상당히 시간이 흘렀지. 그때 김봉우라는 중유 사람이 있는데, 구장질을 했습니다. 김봉우가 피난 나갔다가 다시 돌아왔어요. 마을 사람들이 그 사람한테 가서 뭐냐고 고함을 지르고 이야기를 했어. 나는 고함지르기 싫어하는 사람이라 (가만히 있었어). 그러고는 (식구들끼리) 등을 기대고 깜빡 잠이 들었단 말야.

그때 전기가 있나, 뭐가 있나? 교실에 촛불을 갖다가 군데군데 켜 놨거든. 촛불을 켜 놨는데, 그리 간께 (구장이) 여(거기) 누웠어. "이번에 피난을 가고, 얼매나 욕을 봤냐?" 그래 이야기를 하니께 (구장이) 퍼뜩 일어나더니 "괜찮아요. 아재 뭐 빨갱이를 했소, 뭐했소." 하긴 내가 빨갱이, 그런 건 모르고 집에서 살림 살고 소죽이나 끓이고 하는 그런 사람인데⋯. "날 새면 어떻게 될 것 같으냐"고 물으께 "괜찮아요, 괜찮소." 그래 우리 어머니한테 돌아와가지고 "어머니, 구장이 하는 말이 괜찮답니다. 지가 뭐, 한 일 없으면 괜찮답니다." 그라고 우리 어머니를 안심 시켰단 말이야.

좀 있다가 날이 희뿌옇게 되니께니 군인 하나, 경찰 하나가 와서는 사람 서이(셋)를 손짓하는 기라. 내가 그때 서른 두살 먹으께 젊을 때 아닙니까? 그래 (저를 포함해서) 세 사람이 나가니께 학교 앞에 장작 무더기가 큰 게 있데요. 그래 지게에 짊어지고 가니께 군인들이 박신박신 (우글우글)하니 불을 놓고 앉아있는 기라. (군인들이) "아이고, 이 양반들 왜 피난 안나갔소? 피난 나갔으면, 요번에 좋은 세상이 온당께." 군인들이 그렇게 (말)해요. 그래 인자 그 소리를 듣고 지게를 다시 짊어지고 교실로 도로 안 들어갔습니까.

교실 안에 들어갔는데, 들어오고 나서 10분도 안될 끼라. 또, 군인 하나하고 경찰 하나 하고 또 손짓을 해. 그때는 사람을 열 명을 빼내요. 열 명을 빼내서 열이 나왔어요. 권예기라는 아이하고 그 사람들 인솔자가 서(셋)이지. 그랑께 그 사람들 서이(셋), 우리 열, 열서(열셋)이서 창지라는 동네로 갔어요. 그래, 제가 권예기라는 놈한테, "야야, 오늘 우찌 되겠노, 나중에 우찌되노?" 하니께 "아저씨, 괜찮아요." 걱정을 말라카대. 내 속으로 '아야, 이 놈도 못 믿겠구나.' 창지에서 도랑을 건너오니께니 군인 둘이서 건너오면서 '오늘 제사지낼라고 하는구나, 콕콕 패이고 잘 묻히라'. 그래 보인다 말야.

건너오니께 권예기는 교실로 들어가고 순경 하나하고 군인 하나하고는 우리를 인자 인솔해가지고 국민학교(초등학교) 뒤로 올라가요. 골짜기 가서 구덩이를 파라고 하는데, 나는 각오했어. '죽을 놈이 뭐할라고 (구덩이를 파노). 그냥 죽는 건데, 절대로 구덩이는 안 판다.' 아홉 사람은, 그 굶은 사람들이 땀을 흘려가며 구덩이를 안 팝니까? 나는 어쨌거나 꾀만 내는 기라. 내가 배아파 죽겠다고 막 그러니께 안된다고 어림도 없어. 그래 (구덩이를) 좀 파고나니께니 경찰, 군인들이 '담배 한대 피우자.' 그러대. 내 담배가 있어가지고 주니께 종이로 둘둘 말아서 한대 피고 그래 또 인자 구덩이를 파는데, 내 마음이(생각이) '구덩이 파고나면 틀림없이 이 구덩이에 들어서라 해서 총으로 쏴 죽인다' 는 생각이 들어. 그렇게 구덩이 판 데가 학교에서 보면 한 50미터는 될 겁니다.

지게 지고 학교를 몰래 빠져나와

그러고 학교로 오니께 학교 뒤에 남상면 사람들을 빼놨어. 학교 교실에는 애 우는 소리, 어른 우는 소리가 와글와글하거든. 학교 모퉁이에 나오니께 조그만 지게가 하나 있어. 그 놈을(지게를) 짊어지고 동쪽으로 나오니께 군인이 하나도 없어요. 나오니께 김강판이라는 사람이 길가에 있었거든. 그 사람이 쌀가마니를 챙기고 있는데, "내가 아래 동네에서 짐 지러 왔는데, 짐이 어찌 되었는고 모르겠다" 이라니까 "아이고, 내 쌀 지고 갑시다", 그라는 기라. 그때 위에를 쳐다보니까네 교실 안에 있던 사람, (학교) 뒤에 빼놓은 사람들을 전부 데리고 골짜기로 들어가.

그리로 들어가는 걸 보고 있으니께 군복을 입은 사람(군인)이 내려와. 그 놈이 오바를 입었는데, (내가 그 군인의) 오바를 잡고 '우리 어머니랑 좀 빼달라' 카니까 탁 뿌리쳐버리더라고. 그래 '아이고, 우리 어머니, 우리 식구 다 절단났다' 울면서 구산 모퉁이까지 한 10리 되는 거리를 내려왔습니다. 그래 구산 모퉁이에 주막이 있었거든. 주막 뒤에다 쌀가마니를 던져놓고 '나는 살았구나' 하고 울고 있으니께 과정에서 김성출이라는 분이 그때 양조장을 했었거든. 그집 머슴이 옷에 피칠을 해가지고 내려왔어.

그래 거창에 청방병(청년방위대)이 있었어요. 청방병 한 20명이 죽 올라오더라. 명찰을 보니께 김갑수라는 사람이 지휘관이라. 그래 그 분이 하는 말이 "너 와 옷에 피칠했노?" "군인들 소잡아 줬어요.

소잡는 일 거들어 줬소." "이놈의 자슥, 군인들 소잡아 줘?" 하면서 막 두드려 패는데, 그래 실컷 패고 나더니 청방병들은 과정 소개지로 올라 가고, (나는) 그 사람 맞는 것만 보고 집에 내려갔지요.

그래 있으니께 김봉우라는 사람이 날보고 "아이고, 아재 우찌 살았소?" "김강판이 쌀지고 내려와서 피난했다" 하니께 "내 쌀 지고 오지, 왜 강판이 쌀지고 오냐"고. "아이고, 아무거나 지고 오지 뭐. 내가 쌀 지러 간 게 아니고…." 거기서 오는 중에 청수골 사람들이 막 피난 내려온다 그래. 그래서 내 물었어. "아이고, 웃동네 일은 어찌 되었소?" 하니까 아무도 말 안해. 그래 내 눈치에 '이 사람들, 이미 절단났구나' 싶어. 올라오다가 모퉁이서 (사람 죽인 곳을) 찾아보니께니 총소리는 끝 났고 연기가 천지 일어. 인제 틀렸거든 고마. 그래 지게를 째려 던져버 리니까 언 땅에 부솨지데.

굵은 뼈는 남자, 잔 뼈는 여자로 취급

그래 고만 나는 내려와서 우리 외갓집이 화곡이라는 데 있어서 거기 가서 피난을 하고 그리 있다가 인자 군인들 떠났다는 말 듣고, 외갓집 세 분하고 나까지 너이(넷이) 지게 짊어지고 서까래, 괭이 들고 시체를 찾아갔어. 그 세 분은 나보다 10미터 뒤에 떨어져 올라오고 나는 10미 터 앞에 먼저 나섰지. 먼저 나서가꼬 (현장) 앞에 딱 닿았단 말이야. 닿 으니께 꼼짝을 못하겠어.

사람을 죽여서 불을 끄슬려 놓았으니까 팔은 팔대로, 다리는 다리대로, 눈은 까마귀가 빼 먹었제, 보도(보지도) 못하겠어요. 찾는다고 돌아 댕기보니 찾을 재주가 있어야지. 시커멓게 팔다리가 떨어져놓으니까 (누가 누군지 몰라). 돌아댕기다가 결국 인자 안되겠다. 그냥 내려와서 조금 있으니께네 유족들이 모여가지고 모두 모아서 흙에 파묻자. 그래 놓고 묻었단 말이야.

그래 2년 후엔가 3년 후엔가 거창 신중목 씨가 국회의원할 때인데, "그냥 놔둘 수 없다. 파가지고 화장을 해서 이장을 해야 된다." 그러니께 한 몇 백 명 되니까 함부로 이래저래 해서는 안된다. 그래서 유족들이 법을 낸 기라. 굵은 뼈는 남자 뼈로 취급하고, 좀 잔 뼈는 여자 뼈로 취급하고, 아이들은 작은 뼈, 돌 전 어린애들은 그 자리에서 뼈가 녹아 버려서 뼈도 없어. 이건 우리가 정한 법이니께 이의 달지 말고 요대로 하자. 그래서 구분을 했어요. 굵은 거, 잔 거 (이렇게 따로따로) 모아 놓은 께 무더기가 어느 정도 되냐 하면, 큰 트럭에 한 차 싣는 정도는 됩디다. 그때 신중목 씨가 휘발유를 몇 도락(드럼) 내 주고, 술도 내줬어요. 사흘을 거기서 안태웠습니까? 태워가지고 지금 묘 쓴 데, 거기에 이장을 했지요.

사람인데, 시커멓게 타가지고 모르겠어요. 어쩨 사람이 일찍 살이 빠지는지 몰라. 3년 동안 땅 속에 있다가 다시 파서 모을 때, 시방 장갑이라도 있지만 그때 장갑이 있나. 전부 맨손으로 안했습니까, 떡 주무르듯이 뼈를 맨손으로 만졌지. 살도 없어. 산 밑에 구덩이, 거기는 살이 좀 있다 하더만, 살은 다 빠졌어. 깊은 데 묻히면 한 5, 6년 근 10년까지도 간다고 하더만, 살은 다 빠지고 없어. 태워놓으니까 옷이라고는 없고.

이장할 때 유족들이 모여가지고 차양을 쳐 놓고 밤을 새웠습니다. 큰 구덩이에 휘발유를 넣고 불을 질렀는데, 잘 안탑디다. 한 사흘 탔어, 오래 타데요. 박산 옆에서 그 옆에서 태웠지요. 태우면서 울고 그랬지요. 마음 좋은 사람, 어디 있어요? 전부 울며 짜며 환장하는 기라.

죽을 건데, 무슨 잠이 이리 쏟아질까

박산골에서 죽이는 장면은 보지 못했지요?

죽이는 거는 못보고 (사람들을) 몰아가는 건 봤지요. 그리고 구산 모퉁이 갔다가 올라오며 보니까 인자 연기 나는 거, 그건 봤지. 연기 새(사이)로 보니까 군인들이 노란 옷을 입었거든. 노란 게 마 와글와글하니, 그거 보고 고마 내려왔습니다.

박산골로 시체를 찾으러 가신 때가 사건이 있고 나서 얼마나 지나서입니까?

군인들 떠나고 근 열흘쯤 지나서였을 겁니다.

군인들이 시체를 훼손하거나 일부 다른 데로 옮기거나 하지는 않았지요?

하므요. 우리가 그냥 묻었다가 국회의원 신중목 씨가 이장하라고 해서 팠지. 그 전에는 팔 생각도 못하고.

그럼, 국회조사단, 이런 얘기는 모르시죠?

저는 국회조사단을 본 일은 없지요. 이야기만 들었지요. 그 이야기도 백갑곡이라고 백 영감이 있어요. 그 어른이 하는 말이 군인들이 그리 올라가더라캐. 그 양반이 말해서 알았어. 국회조사단 오는데, 군인들이 빨갱이라고 가정을 하고 사격을 했어요. 올라오는데 대고 사격을 하니 올 재주가 있습니까?

할아버지 가족 중에서 그때 학살당한 분이 누구누구인가요?

죽은 사람이 우리 어머니, 우리 처, 우리 머슴아(아들) 우리 어머니는 그때 연세가 57세였고, 우리 처는 24살이었고, 우리 아들은 태어난 지 아홉 달밖에 안됐어.

그러니까 처가 애를 안고 죽었네요. 아까 모친 말씀은 하셨는데, 처자 이야기는 안하셨거든요.

교실에서 "어머니, 구장이 그라는데 괜찮답니다." 이 소리하고 우리 어머니를 안심시켰고. '죄 안 지은 사람 괜찮다' 코 안심을 시켰고. 우리 처가 내 옷을 잡아당기는 기라. 내가 돌아보면서 "아이고, 죄 없는 우리를 어쩔까 그래. 내가 뭐 죄지었나?" 지금 말하자면 그때가 영영 이별이었던 거라. 그게 고마 이별이라. 그라고 나서 죽어삐리고 나니께 못 봤거든. 그 날 밤은 교실에서 등을 기대고 있었지요. 잠, 그거 참 무서운 겁디다. 죽을 긴데, 무슨 잠이 와서 등을 기대고 잠을 안 잤소.

어머니 · 처 · 자식 잃어

그때 같이 구덩이를 판 분 중에서 또 살아난 분이 있어요?

나 하나뿐입니다. 열 사람 중에 나 하나 살았지요. 나 하나 살고 나머지는 싹 다 죽어삐렸어요.

그러면 학교에 있었던 마을 사람들 중 살았던 분이 누구누구 있습니까?

우리 여동생, 이 사람도 교실 안에 있다가 살아나왔거든요. 그때 교실에서 나온 사람이 인자 군인 가족, 경찰 가족, 그 사람들은 우리는 몰라예. 그러니께 우리 여동생도 그 사람들하고 같이 싸잡아서 나왔고.

사건 난 뒤에는 어떻게 사셨어요?

사건 난 뒤에는 아랫동(동네) 우리 외갓집에서 피난하고 있다가 울며짜며 (살던) 동네에 가니께네 집 싹 타고 없제. 살림살이고 뭐고 절단내고 아무 것도 없었어요. 나락 같은 거 쪼매, 갖다 먹고 살고.

모진 목숨 못 죽고, 어머니 잃고, 처 잃고, 아들 잃고, 저 혼자뿐 아입니까? 그래 뭐 혼자 못살아서 우찌 재혼을 했어요. 내 인자 되돌아보면 우리 조상한테 욕은 안 들어먹을 끼라. 후손이 많이 생겼으니께. 아들이 셋, 딸이 둘, 5남매를 낳았거든. 막내딸이 시방 41세요. 출가도 시켰고. 아들 셋도 전부 군대 갔다가 제대했제, 큰 손자도 대학 갔다가 또, 군에 갔다가 시방 와 있제.

집은 언제 태웠습니까?

그날 저녁에 태웠어요. 우리 내려 간 날 저녁때. 사람 쫓아내고 고마 불질러버렸어요.

그럼 주민들은 집 태우는 줄도 몰랐겠네요?

그 죽은 사람들도 즈그 집 불 지르는 건 알았지. 알았지만은 죽어버리니께 모르는 기고. 군인 가족, 경찰 가족은 즈그집이 불타는 거 봤거든요. 다 봤어. 불태울 때는 군인 가족, 경찰 가족 구분 없이 불 태웠어요.

부모 자식 일이라 유족회 일에는 안 빠져요

아까 이장하는 거, 말씀하셨는데요. 이장하기 전에 흙에 파묻을 때 몇 분이 모여서 파묻었습니까?

정확한 숫자는 모르고요. 100명 이상은 되지요. 서로 연락을 해서 삽 가지고 오고, 괭이 가지고 오고 그래가지고 마 안 파묻었습니까?

그때가 계절이 언제였습니까?

파묻은 것이 그때 봄이었지요. 군인들이 완전히 떠났다는 소식 듣고 나서 두 달 있다가 묻었어요. 그러니까 죽은 해가 51년 2월이니까 그 해 봄에 일단 흙에 파묻고, 그 다음 3년 지나서 이장을 하고….

이장할 때 경찰이나 이런 데서 간섭하지 않았어요?

안했지요.

그리고 무덤의 위치는 어떻게 잡았습니까?

그때는 나이 많은 어른들이 뭘 좀 알던 모양이라. 박산, 거기다 자리를 잡아가지고 우에는 남자들 산소, 밑에는 여자들 산소로 하고.

그리고 4·19 이후에 뭐, 생각나시는 거 있습니까?

신원 사건 나고 함양 수덕면으로 이사를 갔습니다. (재혼을 해서) 머슴아(아들) 한 둘을 낳고 나니까네 우리 자슥들까지 그런 일 당하겠다 싶어서 함양 수덕면에 우리 당숙이 있어서 그리로 이사를 가게 되었습니다. 거기서 있다가 또 이사를 갔어요.

4·19 전에 함양을 떠나셨고, 그 이후에 유족회나 뭐, 그런 활동에 관여하신 적이 있습니까?

우리 유족들은 일 있으면 언제든 오지 한번도 빠지진 안합니다. 저같은 경우는 부모, 처, 자슥일이다본께네.

사건 나기 전에 공비나 빨치산이나, 그런 사람들이 이 지역에서 무슨 활동을 어떻게 했다, 그런 얘기는 들었나요?

그것들은(그 사람들은) 지난 동짓달에 지서를 습격하고 넘어와서 우리한테 밥 해달라고 하고. 밥 안 해준다고 하면 총으로 쏴죽이려고 그라제. 우리들 가족들도 그때 밥 해주기가 하도 겁이 나서 군인이나 경찰

이 와서 우리들 피난시켜주면 좋겠다, 엉기가 나서(짜증이 나서) 그런 생
각을 했는 기라.

집에 와서 뭐, 내놔라 이런 것은?
그런 것은 없어, 가끔 와서 밥 해달라고. "밥 안 해주면 쏴 죽인다."
그라는 기라.

그게 사건 나기 얼마 전까지 그랬습니까?
신원 양민 학살 전까지 그랬지요. 그 후에는 경찰이 와 있었제. 난리
난 그날 (경찰이) 들어왔어요. 양민 학살하고 나서 그때부터 경찰이 들
어왔어요.

그때는 빨치산들을 뭐라고 불렀습니까? 공비라고 했습니까?

빨치산이고, 공비고, 그런 건 모르고 빨갱이인 줄 알았지. 무조건 빨갱이인줄 알았어.

기록에 보면 전해에 양력 12월 5일에 신원지서가 빨치산들에게 습격당했다고 나오거든요? 그 이야기는 들어본 바가 있습니까? 사건 나기 하루 이틀 전에 지서를 습격했다, 하지 않았다, 이런 이야기들도 있어요. 어느 이야기가 맞습니까?

빨갱이가 습격한 건 사건이 나기 한 몇 달 전이었을 겁니다. 경찰들이 못이기니께네 후다닥 나와버리고, 군인이 와서 빨갱이들을 쫓아내고 나니까 그때부턴 경찰이 들어와 있었지요.

중유에서 학살이 있기 전, 청연에서 이미 100명이 죽었잖아요? 그 소문이 안돌았습니까?

소문을 언뜻 들었어요.

그러면 군인을 보면 도망을 가야 될 것 아닙니까?

그러니께 모두 병신들이죠. 그때 우리 재종이 공군에 갔었어요. 그래 말을 들으니 김종원이 비서라네. 그래서 더 원통한 기라. 우리 재종이 내가 이사하고 나니께 "아이구 내 말만 하면 살긴데…." 해싸. 할 수 없는 기라.

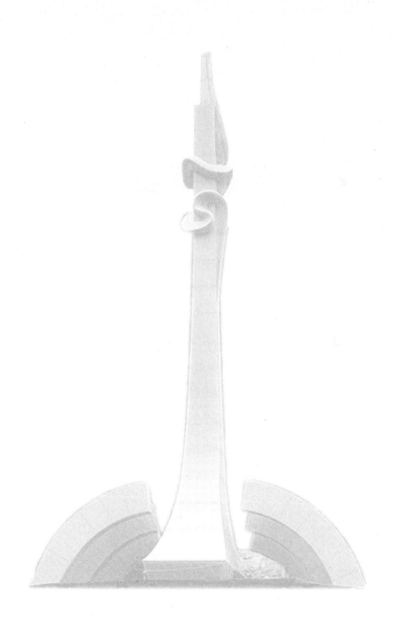

저는 박주야라고 하고 올해 육십여덟이요. 난리 때는 그때가 정월달이니께 열세살이었지. 그때 집에 있는데, 군인들이 고마 니집 내집할 거 없이 들이닥치는 기라. 마당에 서서 쳐다본께 저 건너 마을에 집들이 시뻘거이(시뻘겋게) 타들어가는 게 보여. 쪼매 있응께 군인이 우리집에 오는 기라. 군인들이 욕을 하고 그런께네 우리 어무이가 벌벌벌벌 떨더라꼬. 불을 지르면서 사람들한테 나오라 카는 기라. "살라면 나오고 타 뒤질라면 뒤지고⋯." 와 가꼬 '나가자' 카대. 아무것도 가지고 못 나오게 하고⋯. 내 동생이 둘이었어예. 둘인데, 어무이가 하나 업고, 내가 하나 업고. 그래 인자 몸뚱이만 나왔어. 나오니께 밖에 동네 사람들이 많이 있더라코. 조금 있응께 동네도 연기가 덮여가지고 아무것도 안 보여. 조금 있응께 군인들이 '앉으라' 캐서 앉았어. 또 조금 있응께 군인들이 '아래로 가자' 카대.

박주야

울 어머니 아직 못나왔는데, 문 닫아버리면 우짜노

교실문이 닫힌 순간이 생사의 갈림길

우리는 외갓집이 한 동네였거든. 그래서 외삼촌네랑 같이 가는데, 가다봉께네 한재 동네라 카는 데로 그리 데리고 오더라고. 내려오면서 군인들이 무슨 연설하는 소리를 우리는 쪼그매논께 똑똑히 못듣고…. 그럭저럭 내려와서 학교 교실로 들어온께 (밤이라) 캄캄한 기라. 그 밤에 누가 저녁을 주는 사람이 있나, 모두 살끼라고 이불 보따리도 한 개 짊어지고 왔는데 (군인이) 막 확 뺏아 집어던져불고…. 쪼매 있응께 전등 요만한 걸 가지고 댕기면서 다는 기라. 그래 불빛에 언뜻 보니께 남자들만 다 나가. 그러고로 (군인들이) 들락날락 하면서 밤새도록 (사람들) 두들겨패고…. (군인들이) 얼마나 두들겨패는지 말도 몬해. 그리고 와 그리 욕도 잘 하노? 우리들 땜에 즈그들 욕본다고 생각하는 기라. 시방 가만 생각해 보면…. 야그를 하면 끝도 없어예.

그리고 아침이 되니까 해가 훤하니 떴어. (군인들이) '다 나오라' 칸께로 사람들이 막 밀어붙여. 뒤에서 미는 바람에 밀려와서도 앞으로 콱 엎어져뿌렀네. 그라고봉께 고마 교실 문이 닫혀져있는 기라. 어무이는 안에 있는데…. 어떤 놈이(군인이) 하나 오더니 '왜 사람들이 이렇게 많냐' 면서 교실을 콱 닫어버리니께 아무도 못 나와. 그래서 마당으로 나오니께 그때까지도 우리 어머니랑 동생이 안나오는 기라. 할 수 없어서 외갓집 따라다녔어예. 그래서 마당에 모였는데, 저는 외갓집, 거 붙어서 아랫동네로 가서 주먹밥을 일주일인가 얻어먹고, 일가 친척 있는 사람들은 그리고 가라 카대요.

한창 젊을 때 세상 떠난 게 가장 안타까워

원래 사시던 데가 어디였습니까?

신원에서 살았어요. 거기서 커서 거기로 시집갔어예. 불난 동네로…. 그니께 신원면 와룡리 비곡마을에서 중유마을로 시집 갔어. 그랬는데, 시방도 새카만 군인들이 날뛰던 거 생각하면…. 아직도 (눈앞에) 삼삼해.

군인들 하면 뭐가 생각납니까?

아이고 짚단을 들고대니면서 불도 잘 질러요. 난중에는 동네에 연기가 자북하이(자욱하게) 아무것도 안보여. 그런데 어떤 할마이가 딸이 안나왔다 카면서로 연기 속으로 들어가요. 그러니께 군인들이 막 총을 쏘데. 그래도 연기 속이라 그런지 안 맞았어. 그래가 딸을 기어이 데리고 나옵디다. 불에 데어서, 몸이 오그라져서 말도 몬해요. 그 딸이 갑수라꼬. 이름도 안 잊어뻰다. 그래가 장마철에 죽었다고 해.

또, 군인들이 교실 안에서 나오라 카길래 저는 외갓집만 따라서 나왔는 기라. 엄마가 안나왔으께 울고 댕기고…. 그런데, 우체국장이 있었는데, 내가 '우리 엄마 안왔다' 카니까 '가자, 엄마 뒤에 올끼다, 가자'. 그러면서 내 손을 잡아. 내가 그래도 뿌리친께 그 양반도 고마 내 빼는기라.

그리고 총소리가 깨 볶듯이 나는 기라. 외삼촌이 나를 콱 안으면서 "전부 다 죽있단다. 올라가지 마라." 그게 뭔 소린가 했어. 뭘 다 죽였다 카는 긴고? 그래도 외갓집에 붙어 거기서 있었는 기라. 나중에 들은 얘긴디, 시체가 나무 등걸처럼 디비져있다는(뒤집어져있다는) 기라. 우리 아부지가 우리 어무이하고 동생들 찾으러가니까, 시체가 나무 등걸처럼 돼있었다 카대요. '그게 꼭 고등어 구워논 것 같다'고 카면서 평생을 고기를 안 잡쉈당께. 징그러워서. 말도 말도 몬해.

그때 우리 삼촌, 숙모, 동생도 둘이나 죽었고, 어무이도 세상을 버렸고, 그렇지요. 한창 젊은데 그렇게 세상을 버린 게 가장 안타깝지, 그게 원통하지 뭐. 아버지는 그날 아침에 쌀 한가마니를 차황인가 어딘가 갔다 놓고 온다꼬, 피난가면 드신다꼬. 그래 아부지가 그걸 짊어지고 간 연후에 그 난리가 났다 카니께. 정월 초닷샛날이라. 날도 안 잊어뿐다.

또, 그날 우리 마을 사람이 딸을 하나 낳았거든. 초닷샛날 태어나 가꼬 안고 교실에꺼정 왔는데 다 죽여뻐렸어.

교실에 하룻밤을 잤지요? 교실 안의 모습이 어땠나요?

날이 어둑어둑해가꼬 들어갔어요. 겨울이니께 다섯시 정도 됐는가.
지금도 그 생각하면 잠이 안와예. 비좁아서 누울 데가 없어예. 쪼그리
고 앉았어예. 군인들이 칠판 같은 데 밑에 서서 사람들 두드려패는 것
그것만 뵈지 뭐, 모르겠어요. 군인들이 밤새도록 두들려 팼어요. 요령
도 없이, 젊은 사람이든 나이 많은 사람이든 안가리고 팼어예. 대작대
기(대나무 막대기)로 패다가, 그 놈이 깨지니께네 다른 거 가지고 패고
그러데요.

그 일이 있고 난 뒤에는 어디에 살았습니까?

일 나고 나서예? 3년 동안 차황 여시래이라 카는 동네에서 살았어요.

그 불 탄 동네에는 다시 사람들이 안 들어와 살았나요?

아니요. 돈 좀 있는 사람들은 집짓고 농사짓고 살았어예. 그 일이 있고난 뒤에 우리 아부지는 모든 것이 고마 귀찮아져버린 기라. 그래도 정신 차리고 살았지. 나도 인자 아버지 밥 해줘가면서 살았고….

이런 말씀을 누구에게 한 적 있으세요?

아이고, 이래 와서 물어보지 않아도 친구들끼리 만나면 그 이야기하지요. 나는 우리 아들한테도 해줬어예.

저는 김운섭이라고 하고, 61세입니다. 당시 9살이었구요. 제가 본 군인들에 대해 얘기하겠습니다. 처음 우리 마을에 군인이 들어온 날이 2월 5일이었어요. 마을에 들어온 군인은 참 포학했었습니다. 중대인지, 대대인지는 잘 모르겠어요. 군인이 쭉 우리 마을로 들어왔을 때, 군인이 오는 걸 봤단 말이에요. 그런데 누가 남의 집을 방문할 때는 기척을 내잖아요. 긍께(그러니까) 저는 방에 있었는데, 누가 온 걸 알고 있었지만 기척을 낼 거라 생각하고 그냥 방에 있었거든. 인자 촌에는 창호지에 구멍이 있어요. (창호지 구멍을 통해) 밖을 내다보니까 군인들이 그냥 마 총을 앞에 들고, 뭐 찾는 것처럼 이래 돌아다녀요. 그래 바깥에서 뭘 찾으리라고 생각하고 있는데, 갑자기 문을 활짝 열어 뻬고 총을 '꽝' 쏘아버리더라고…. 방안에다 대고….

방에 사람 있는가, 없는가 신경도 안 쓰고, 거기다 대고…. 그런데 그 M1 총소리라는 게 고요한 촌에서 울리니까 얼마나 그기(그 소리가) 큰 지 온 마을이 기절초풍을 한 게야. 그 소리에…. 그 소리에 질려가지고, 나는 어렸으니까 이불 속에 고개만 처박아 가지고 있었지. 그러니께 군인들이 막 방에 들어와가지고 총으로 이래 쿡쿡 쑤시면서 '바깥으로 나오라' 이거야.

김운섭

그때 다섯 번 죽었다 살아난 기라

설 쇠러 온 고향길이 저승길

저희 가족은, 방에는 어머니하고 내 바로 위에 네 살 위 형님하고, 나하고, 또 건넌방에는 우리 아버지가 계셨어요. 건넌방에도 둘이 들어와 가지고 아버지이고, 뭐이고 총으로 쿡쿡 쑤시면서 '바깥으로 나오라' 이거야. 그러니까 마을 앞에 동청, 그땐 동청이라 그랬습니다. 요새는 마을회관, 그 앞에 전 마을 주민들을 끌어냈어요. 끌어내가지고 우리가 보기에는 대장인 듯한 군인이 정신을 차릴 수 없이 공포를 하늘에 대고 쏘는 거야. 마을 앞에 논뜰이 있었는데, (전 주민이 거기) 다 모일 때까지 공포를 들이 쏘는 거야.

그러니께 사람들이 주눅이 들고, 정신이 없어가지고, '뭐, (우리가) 무슨 큰 죄를 지어가지고 다 죽일 것인가' 그런 생각을 하고 마을 동청 앞에 다 모였었다고. 그 날짜가 2월 5일입니다. 그게 섣달그믐이라고 하는 날짜인데, 인자 마을 주민이 거의 다 동청 앞에 모였다고 (군인들이) 계산이 되는지, 앞에서 군인이 일장 연설을 하는데, 총소리에 귀가 멍멍해가지고 총소리가 그쳐도 말을 하나도 알아들을 수가 없어. 무슨 말을 하는지 하나도 알아들을 수가 없었어.

그런데 동청 옆에 집이 있는 사람이 있었어요. 지금 생각하면 그 분 이름이 김봉문인데, 그 분은 태어나기는 우리 마을에서 태어났지만 성 장해서는 산청이나 함양에 가서 남의 집 살고, 섣달그믐이니까 이제 설 쇠러 집에 와 있는 거예요. 남의 집 일을 많이 하고 그러니까 몸에 병이 들었어. 군인들이 나오라니까 안나올 수는 없고, 억지로 끌려가지고 자 기 집 대문 밖에 큰 바위가 하나 있었는데, 거기 간신히 걸터앉아 있었 다고. 혼자서….

무서워서 (군인들을) 쳐다볼 수도 없어요. 길 위에 군인들이 쫙 늘어서 가지고 총을 이래 겨누고 있고…. 인자 우리 같은 거는 바로 쳐다보면 죽을 줄 알고 곁눈질로 (군인들이) 어떻게 하는가 쳐다보고 있었단 말입니다.

그러니까 총 쏘던 대장인 듯한 군인이 그 사람에게 다가가더라고. 다가가더니 '왜 여기 있냐'고, '왜 다른 사람들과 모여 있지 않고 여기 있냐'고, 그런 얘기인지, 무슨 얘기를 했는지 몰라도 총소리가 '팡' 나더라고. 그러니께 (그 사람이) 저 길바닥에 뒹굴어져. 그 분이 신원 사건의 1호 희생자라. 그 분이….

그런데 누가 나가서 그 대장인 듯한 군인한테 한참을 뭐라 해 쌌더니, 한참 후에 (군인들이) 그마 슬그머니 총을 거두더니 가버리더라고. 뭐 말도 없이…. 어찌돼서 그리 된 건가, 우리 어린 것들은 모르고, 나중에 어른들 얘기를 들어보니까, 우리 마을 건너편이 매봉산이거든. '그 쪽에 빨갱이가 나타났다.' 이런 식으로 인자 대장한테 얘기를 했다는 거야. 그러니까 슬그머니 총을 거두고 갔어.

그 말을 한 분은 돌아가신 김영식 씨라고…. 그 분이 (군인에게) 그런 제보를 했다는 얘기도 있고. 이건 확인된 것은 아닙니다. 내동 사람들을 군인들이 다 죽일라고 그러니까 용기 있게 허위제보를 한기지. 그래서 섣달그믐날인 2월 5일날, 군인들이 우리 마을을 거쳐서 일단 청수리, 수동리, 대아리 마을을 거쳐서 산청군 생초면으로 넘어갔다는 겁니다. 그 뭐 들은 얘깁니다.

눈밭을 맨발로 끌려나와

(그 일이 있고 나서) 2월 7일날 우리는 청동이라는 마을에 우리 큰집이 있어서 거(큰집에) 있었는데, 밤에 총소리가 막 나는 거야. 그래 마루에 나와서 봤는데, 안산이라고 있습니다. 안산에서 뻘건 총알이 막 왔다 다 하고 이래. 나중에 커서 알고 보니까 2월 7일날 있었던 신원지서 습격사건이었던 것 같아요.

이튿날 어른들끼리 무슨 얘기가 있었겠지요? "빨갱이가 지서를 습격했다." "경찰과 교전이 있었다"…. 인자 도저히 불안해서 신원에는 살 수 없는 그런 형편이 되었단 말입니다. 군인이 들어와도 그렇게 살벌하게 무섭게 하지, 또 밤에 총소리도 그렇게 나지…. 그래서 남상군 무촌에 외가가 있었는데, (저희 가족은) 일단은 외가로 피난을 가기로 했어요. 나하고 우리 어머니하고, 내 바로 위에 열세 살짜리 형이 있었고, 내 아래로 세 살짜리 여동생이 있었는데 등에 업고, 이렇게 넷이서 피난을 가는 거예요. 남상면으로….

가는데, 청동에서 우리가 사는 내동을 거쳐서 올라가면 청연마을이 있습니다. 우리가 어리니까 자꾸 칭얼댔지. 길은 멀고, 발은 시리고 춥고 하니까…. 청연마을하고 우리 마을하고는 거리는 좀 떨어져 있었지만은 그저 한동네나 마찬가지입니다. 인심도 그렇고, 아는 사람도 많고…. 그 고개를 넘어 무촌까지 길이 굉장히 험하거든. 그래도 (우리 마을과 청연마을과 한동네나 마찬가지이기 때문에) 청연마을을 거쳐 가기로 한 거예요.

우리 어머니 아는 집을 찾아 거기 들어가서 조금 있으니까 날이 어둑어둑해지더라고. 그 집에서 떡국을 끓여줘서 먹고, 그날 저녁은 거기서 잤습니다. 자고 일어나서 또 그 집에서 떡국으로 아침을 때우고 남상면으로 넘어갈라고 하고 있는데, 밤에 눈이 많이 왔어. 눈이 약간 녹아야 길을 갈 수가 있거든. 그런 상황에서는 갈 수가 없었어요. (눈이 녹기를) 기다리고 있는데, 별안간 그냥 개 짖는 소리가 막 들리고, 천지개벽치는 총소리가 막 들리더라고. 그러더니 군인들이 들이닥쳐가지고, 우리가 보도 못한 기름방망이를 들고 댕깁디다. 그래가지고 초가집에 전부 불을 지르는 거야. 사람들을 막 끌어내고.

우리 가족이 있었던 그 집에도 불이 났어요. 지붕에 눈이 하얗게 쌓여 있는데도 초가집, 짚으로 되어 있는 것은 잘 타들어가. 연기가 엄청나게 났어요. 그러니께 그 주인은 조금 있다가 자기 죽을 생각은 안하고 그 불을 끌라고 이라니까 군인이 가만 놔둡니까? "이 새끼!" 그라면서 군화발로 디비(마구) 차더니 개머리판으로 얼굴을 내리쳤어요. 난 그 사람 눈이 빠지는 줄 알았어요. 빠졌는지 확인을 못했으니까 그건 모르겠습니다. 막 피가 주룩 나는 기야.

군인들이 사람들을 그런 식으로 끌어냈어요. "이 새끼, 빨리 안나가?" 하니께 어떤 사람들은 신을 신을 새도 없이, 어느 사람은 바지도 제대로 못 입고 허리끈 맬 새도 없이 끌려나왔어요. 맨발이든, 신을 신었든 눈 있는 길로 걸어갔어요. 마을에서 집결지까지가 약 100미터 정도, 넉넉잡고 100미터 정도는 될 깁니다. 논뜰까지가. 그리 끌려가는데, 내 바로 위에 열세 살 먹은 형은 맨발로 끌려나왔어요. 맨발로 눈길을 가라하니까 가다가 주저앉고, 주저앉고…. 발이 시리니까. 주저앉으면 군화발로 들이 차지. 빨리 가라고.

군인 가족, 경찰 가족만 나와라

그래가지고 (마을 사람) 전부가 마을 건너편에, 논뜰에 집결이 되었어요. 주민들은 바로 밑에 논에 집결이 되고, (논) 바로 위에 묘가 하나 있는데, 좀 높은 사람이 불을 놓고, 하늘에 대고 공포를 들이 쏘는 거야. 그래 나는 발이 얼어서 그냥 눈 위에 주저 앉아있었어. 주저앉았는데, 한참 있으니까 2월 5일날 있었던 일과 마찬가지로 총소리가 뜸해지더니 귀에는 이런 소리가 들리더라고. "군인 가족, 경찰 가족 나와라." 요 소리가 들리더라고. 그래 뭐 웅성웅성하더니 (몇몇이) 나가요. 뭐 그런 사람이 있는 모양이라. 어떤 사람은 나가다가 군홧발에 채여서 들어온 사람도 있고⋯. 총으로 치지 않으면 군홧발로 차여. 그러니께 인간 취급이 아이라, 내가 볼 때는⋯.

한참 그렇게 추리고 나더니 천지개벽 치는 것처럼 총소리가 나데. 군인들이 논 위로 올라가서 길게 늘어서서 총을 쏘는 거야. 그러니까 사람들이 '폭폭폭' 쓰러지면서 그 피가 내 얼굴로 다 쏟아지는 거야. (그러면서) 사람이 겹겹이 내 (몸) 위로 막 넘어지는 거지. 사람 몸에서 터져 나오는 오물이 온 얼굴에 쏟아지니까 그 냄새야 오죽 하겠어요? 눈으로, 입으로, 코로 다들어가는 거지. 사람들이 넘어지니까 난 밑에 깔렸어. 깔려가지고 있으니까 저리다 못해 나중에는 마비가 되는 것 같아. 간신히 목만 바깥으로 빼놓고 있었지. 계속 피가 쏟아지니까 한 손

으로 피를 걷어내면서 있었어요. 그래가지고 한참을 (총을) 쏘는 기라. (시간이 지나니까) 인자(이제) 총소리가 귀에 들리지 않아. 그래 고개를 조금 내밀고 얼핏 쳐다보니까 기관총 쏘는 고 놈의 새끼, 눈깔이 노래가지고 계속 쏘아대는 기야. 쏘면 또 죽은 척하고, 또 조금 있다 쳐다보면 계속 쏘고 있고. 내가 한참을 죽은 척 하고 있었는데, 머리에 무슨 충격이 느껴지는 거야.

인두를 달궈서 옆구리를 지지는 것 같은 그런 감이 오더라구. 굉장한 충격이 오는 기라. 그게 총알인지는 몰랐지. 여기 두 군데 총알이 스쳐갔어요. 한 시간 정도나 될까, 한참을 그러고 있으니까 군인들이 쭉 열을 지어 가지고 고개를 넘어가더라구. 고개를 내밀고 보니까 열을 지어가면서도 (사람들이 죽어 넘어져 있는) 이 쪽에 대고 총을 쏘는 거야. 이 새끼들이…. 난 그것만 쳐다봤지. 그런데, 그 옆에서 또 벼락 치는 소리가 나더라고. 그러니께 (일부는 고개를 넘어가고, 일부는 남아서) 그 주위를 돌아다니면서 살은 게 있나 확인사살하는 거야. 시체 주위를 돌아다니면서 총을 쏘는 놈이 있더라고. 그러니까 깜짝 놀랄 수밖에…. 놀라가지고 난 고개만 까딱거리고 이거밖에 못하는 거야. 눌려가지도 움직이지도 못하고.

죽은 어미의 젖을 빨고 있는 아이

그 놈들이 어떤 짓을 했냐하면, 엄마는 죽고, 등에 업혀 있었던 어린 애가 튕겨나와서 눈 있는 데로 기어 댕기며 울고. 그러니까 총알이 아까운가, 군화발로 차 넣더라고. 시체 속으로…. (시체 속으로 차 넣으니까) 군홧발에 피가 묻을 거 아니야. 그거를 눈에다 비벼서 닦고 있더라고. 그걸 보니까 더 소름이 끼치고 더 무서운 거라. 그래 한참 더 죽은 척하고 있었는데, 조금 있으니까 이것들이 다가고 없고, 불을 피워놓고 몇 명 있어. 인자 마 그것들이 다 가야 일어날 거 아냐. 그것들 다 가기를 한참 기다리고 나니까 불 피운 자리에 연기만 모락모락 나고 아무도 안 보이더라고. 그래도 어린 마음에 '혹시 저놈들이 요 어디에 숨어 있는가'…. 이런 생각도 들어 바로 일어나지를 못하겠더라고.

그래 한참 있다가 빠져나오려고 몸을 비비는 거지. 그런데, 도저히 이걸(몸 위에 있는 시체를) 빼낼 수가 없어. '죽는 게 이런 건가' 그런 생각도 들었지. 빠져나가려고 한참을 몸을 비틀었는데도 꼼짝을 안 해. 비틀고 쉬었다가, 이랬는데, 아직 숨이 붙어있던 사람들이 있었던가봐. 벌떡 일어났다가 다시 쓰러지는 사람도 있고…. 몇몇은 산 사람처럼 벌떡 일어나더라고. 그러더니 다시 옆으로 픽 쓰러지고…. 몇 사람이 그러니까 위가 좀 들어진 거라(가벼워진 거라). 그래서 겨우 거기를 빠져

나왔어. 얼마나 식겁을 했든지(놀랐든지), 그 추운데 땀이 다 나고. 이제 어머니를 찾아봐야 될 거 아냐. 형도 있고, 동생도 있는데….

시체를 막 헤치니까, 애를 업고 있는 아주머니가 보이는데, 그기 낯익은 기라. 그래 막 가가지고 일어나라고, 얘기하니까 꿈쩍을 안 해. 그래서 얼굴을 들어보니까 얼굴의 반이 날아가고 없어요. 그러니께 마처참하지 뭐. 바로 옆에는 형이 온 몸에 총을 맞아가지고 벌집 쑤셔놓은 것처럼 되어 있고…. 내 혼자서 어디 갈 데도 없고, 살 방법이 없는 기라.

그런데 (나이가) 50 정도 먹은 뚱뚱한 아주머니가 머리는 산발이 되고, 창자가 밖으로 튀어나왔어. 그 창자를 움켜잡고 달아나더라고. 그때는 어른만 살았으면 따라가야 돼. 반가워가지고 따라가는데, 한 10여 미터 가다가 돌에 걸려 넘어지더니 그 아주머니도 일어나지도 못하고. (다시 돌아가보니) 그때까지도 애들이 살아 있을 거라고는 생각도 못했는데, 쪼매난 애들이 살아가지고 죽은 어매 젖꼭지를 빨면서 울고 있는 애들이 한 서넛 더 있었다고…. 지금도 걔들이 살아 있는데, 다섯 살 먹은 애는 총알이 여 관통이 되어가지고 피가 질질 흐르는데도 동생하고 둘이 살아서 엄마를 붙들고 있는 기라. 동생은 엄마 젖꼭지만 빨고 있고. 지 엄마가 살아있었어. 난 그 아주머니가 살아 있으니까 반가워가지고 일어나라고 했지. 그 아주머니가 날 보고 "너는 어찌 그렇게 멀쩡하게 그리 살았노?" 하더라고. 내가 어떻게 살았는지 답할 겨를도 없고, "아주머니 일어나소" 그랬더니 "나 좀 일으키 봐라" 하는 기라. 그래 내가 뒤에서 일으키려고 하는데, 도저히 내 힘으로는 축 늘어진 어른을 일으킬 수가 없더라고. 그 아주머니가 다시 축 늘어지는 기라.

"아주머니, 아주머니, 일어나소! 일어나소!" 하니까 말이 없어. 가만히 보니까 죽은 거야. 지금 같으면 눈이라도 감겨 줬을텐데….

아버지는 군인들 짐 지고가

거기서 한참 헤매다가 도리가 없고 갈 곳이 없어서 나도 어머니 옆에 가서 쪼그리고 앉아있었지. 날은 어두워지고, 춥고 몸이 오그라들기 시작하는 거지. 이렇게 밤을 지내면 죽는 거지. 그런데 내동에서 2월 5일날 희생당한 그 분의 형님들, 할아버지, 그러니까 우리 집안의 할아버지뻘 되는 분들이 올라왔어. 지금 우용이, 즈그 할아버지야. 그 어른들이 올라오셔서가지고 허겁지겁 시체를 헤집는 거야. 거기는 딸들, 며느리들, 애들 해서 여섯 명의 가족이 희생이 되었어요. 그런데 손자, 손녀가 부상을 당했는데, 살았거든. 둘을 한 등에 업고 가는 거야. 옆에 있는 나는 쳐다 볼 겨를도 없지 뭐. 그 어른을 따라서 내려와서 살아남았어요.

내려와서 다시 우리 마을 내동으로 갔어요. 피투성이가 되어 가지고 거기 있었지. 그래서 이제 뭐 가족을 다 잃어버린 꼴이라. 내동에서부터 그 군인들의 짐을 아버지가 지고 갔어. 우리를 학살한 군인의 짐을…. 아버지는 우리를 하루 전에 먼저 보냈으니까 청연마을에 있으리라 안한 기라. 그래서 아버지가 우리를 안 찾아본 거야. 찾아봤으면 우리도 살았을텐데….

그런데 군인들이 (청연에서 거창으로 넘어가다) 날이 어둑해지니까 내동으로 왔다고. 와서 소를 잡아먹고, 밥 해먹으면서 하룻밤을 보냈다고. 2월 9일 밤을 내동에서 보냈어요. 그런데 신원사건에서 군인들이 10일 날 거창에서 내려왔다. 이래 되었거든. 내동에서 잔 줄 모르고. 지금 역사가 그래 돼 있어요.

산속에서 혼자 얼어 죽을 뻔

군인들이 우리 내동에서만 잔 게 아니고, 오래마을, 그 당시는 조사 마을이라고 그랬어요. 내동과 오래마을에 분산해서 잤다는 얘기를 나중에 들었어요. 하여튼 내동에서 2월 9일 밤에 군인들이랑 함께 잤어요. 그 얘기를 조금 할게요.

피투성이가 되어 가지고 있는데, 또다시 군인들이 몰려오는 기라. 인자는(이제는) 오면 죽으니까 어디로 갈지 발을 동동 구르고 있는 거야. 그래서 '마루 밑으로 숨을까' 하고 있는데, 사람들이 희끗희끗한 게 산으로 올라가더라고. 맨발로 산으로 따라 올라갔지. 내동마을 뒤에 당산이라고 솔이 오목한 데가 있는데, 당산제 지내는 그런 데가 있었습니다. 거기서 마을 사람들과 밤에 같이 있었는데, 그때 홑바지, 저고리만 입고 있었거든. 피투성이가 되어가지고, 옷이 전부 찢어져 있었는데, 겨울바람이 어찌나 매서운지 그 고통이라는 것은 말로 못하는 기라. 마을 사람들은 신도 있었고, 어떤 사람들은 담요 같은 걸로 뒤집어쓴 사람도 있고, 그런데 내 꼴이 하도 더러우니까, 피를 뒤집어썼으니 그 냄새는 말도 못하죠. 그러니까 내가 자기들 옆으로 가는 게 싫은 눈

치더라구.

　당산이라는 데는 대낮에도 무서워서 안 올라가는 곳입니다. 그런데 그 밤에 산 속에서 마을 주민 한 여남은 명하고 같이 있었어요. 그런데 조금 있으니까 "추워서 예서 있으면 다 얼어 죽겠다"고 하면서 전부 자기 연고지로 하나 둘씩 떠나 버리네. 결국은 산 속에 나 혼자만 남는 기야. 그 무서운 곳에서…. 바람은 쉬지 않고 불고, 얼마나 추운지…. 그래가지고 도저히 안되겠다 싶어서 거의 기다시피 해서 마을로 다시 내려온 기야. 내가 지금 죽을 고비를 다섯번 넘겼는데, 이때가 두번째 고비예요.

　내려오는 길이 한 1km 정도는 될 겁니다. (당산에서 마을까지) 내려오는데, 천리, 만리보다 더 멀게 느껴져. 짐승이 나올란가 무섭기도 하고. 마을 뒤까지 가까스로 왔는데, 군인들이 마을을 순시하며 돌아댕기는 기라. 순시하는 두 놈에게 딱 걸렸어. "누구야, 손들어!" 하면서 총을 딱 들이대는 기야. 난 두 손을 바짝 들었지. "너, 어떤 놈이냐?" 하더라고. 그래 '마을 사람들을 따라 피난가다가 길을 잃어버려서 도로 돌아오는 길' 이라고 그랬어. 군인들이 상투적으로 묻는 거는 빨갱이가 어쩌고 그걸 묻는 게 아니고 '느그 누이나 이모 있냐', 이거부터 물어와. 그리고 '느그 엄마, 느그 아버지 어떻게 되었냐, 느그 형 있냐', 이런 걸 물어봐. 그래서 "난 아버지와 둘이 산다." 그때는 우리 아버지가 군인들 짐 지고 간지도 몰랐다고. "어제 우리 아버지가 아저씨들 짐 지고 가서 안왔다. 나는 동네 사람들이 피난가길래 따라가다가 길을 잃어버려서 도로 돌아오는 길이다." 이랬더니 "요놈의 새끼 빨갱이 첩자 아이가?" 그러더라고. 한 놈이 "쏴버려!" 그래. 그런데 그 옆에 있던 다른 놈이 "어이, 밤에 총소리내지 말라고 그랬는데…." 이런 소리가 들리면서 인자 "일어나!" 하더라고. 손을 든 채로.

바로 위에는 능선이고 아래가 논이야. 그 논 쪽으로 내려가라고 하더라고. 그래 손을 들고 내려갔는데 불이 반짝 하더라고. 개머리판을 가지고 머리를 때려버린 거야. 거기서 한참을 누워 있었는가봐. 등어리가 선선해지는 게 느껴지면서 눈이 떠지는데 별빛이 희미하게 보이더라고. 그런데 머리가 뽀개지는 거 같아. 간신히 일어나니까 머리에서 피가 뚝뚝 떨어지더라고. 얼음 있는 데가 있어서 엉금엉금 기어가서 얼음을 깨고 손이랑 얼굴을 대충 씻고, 그래 손이 깨져 나가는 거 같았지. (지혈을 한답시고) 논흙을 긁어가지고 발랐는데, 따갑기만 하지 지혈이 됩니까? 우리 어릴 때는 그런 식으로 많이 했거든. 그러고 한참 있으니까 지혈이 되더라고.

가족 죽인 군인들과 보낸 하룻밤

'이제 집으로 가야하나. 어디로 가야하나.' 이게 계산이 안나오는 거야. 집에 가면 틀림없이 우리 아버지가 계실 것 같아. 그런데 거기 가면 군인들이 있을 거고 어제 있었던 일을 얘기를 해야할 것 같으니까 고모네 집으로 가야겠다 싶었어요. (얘기를 하면 빨갱이 첩자라고 나도 죽일테니까.) 몇 시간 만에 내가 굉장히 영리해진 기라. 그래서 우리 고모네 집으로 간 기야. 보초가 졸고 있을 때 방문을 여니까 군인들이 소고기도 굽고 밥을 해먹고 난 상태더라고. 조그만 놈이 하나 나타나니까 방안에서는 노리갯감이나 하나 나타났나 하고 "너, 어디서 왔냐?" 이래. 그래서 여기가 우리 고모네 집이라고 하니까, "밤에 쪼매난 놈이 왜 돌아다니냐?" 그라대. 그래서 '우리 아버지가 아저씨들 짐 지고 가서 안 오셔서 고모네 집으로 왔다' 고 하니까 '식구가 몇이냐' 고 하더라고. '아버지하고 둘이 산다' 고 하니까 '너, 누님 있냐? 없다고 하니까 '이모나 고모는 있냐? 이 새끼들이 주로 여자만 찾는 기라. '행님 있냐? 하길래 '행님 없다.' '동생 있냐? 하길래 '동생도 없다. 나하고 어머니하고 아버지하고 셋이서 살다가 어머니는 한 3년 전에 돌아가시고 지금은 아버지하고 둘이 살고 있다' 고 했어요.

그런데, 조금 있다가 또 느닷없이 "니 행님, 어디갔니?" 묻는 기야. "예? 우리 행님 없어요." 그기 유도심문이라. 요즘 말로 하면…. 한참 물어보더니 '쪼매난 새끼가 영리하다' 하면서 머리를 쓰다듬어 주더라고. 머리를 쓰다듬으니 피가 묻거든. 등잔불을 켜 놓고 있으니까 내 모습이 잘 안 나타났던 거야. 그래 하더니 조금 있다가 "너 밥 안먹었제?" 하면서 소고기국이랑 밥을 주더라고. 참 냄새는 좋드만. 그때만 해도 내가 육식을 못해가지고 소고기나 돼지고기를 먹을 줄 몰랐어. 그래서 도저히 먹을 수가 없었다고. 그리고 밥이 이상하게 안 먹혀. 못 먹고 있으니까 그 중에서 좀 높은 놈이겠지, 그 놈이 (쫄병을 보고) '건빵 하나 내놓으라' 하대. 그래 건빵을 하나 주면서 먹으라고 해. 그런데, 나는 건빵이라는 것을 태어나서 처음 본 거거든. 그리고 맛난 것이 있으면 어른부터 잡수고 나면 먹어야한다는 가정교육을 배워가지고 '이 좋은 게 생겼으니까 아버지부터 먼저 보이고 먹어야 되겠다' 는 생각이 들었어.

그래 '아버지부터 먼저 보이고 먹어야 된다' 이카니까 즈그들끼리 뭐 웅성웅성하고 그라더라고. 한참 있다가 군인들이 잠을 자대. 어떤 놈은 코를 골고 자더라고. 나는 벽에 기대서 잠깐 잠이 들었는데, 무서운 꿈을 꿔서 깜짝 놀라고, 무슨 소리가 났던 모양이야. "왜 이래, 임마?" 날더러 그라더라고. 그래 잠을 자면 안되겠다 싶어가지고 될 수 있으면 잠을 안 잘라고 하고. 군인들 자는 것만 쳐다보고 있었지.

그런데, (새벽이 되어) 날이 좀 어둑어둑해지니까 군인들이 마당으로 옹기종기 모이더라고. 한 5시쯤 된 것 같아. 모이더니 인원점검을 하는지 '하나, 둘….' 어쨌쌌고 그라더라고. 나는 집에 간다고 나왔어.

집에 가려고 맨발로 땅바닥에 내딛으니까 발이 시려워서 뜨뜻한 방으로 올라왔어. 어떤 놈이 마루밑에를 쳐다보더니 짚신을 하나 꺼내주더라고. 다 떨어진 어른 짚신을…. 주면서 "이거라도 한번 신어보라" 그라더라고. 그래 그걸 질질 끌면서 집으로 왔어. 거서 우리 집까시 한 30여 미터 떨어져있었어요. 집에 오니까 날이 희끄무레하더고.

조그만 새끼가 거짓말한다 쏴버려

집에 보초가 있었는데, 쪼매난 게 건빵을 하나 들고 들어가니까 "새끼, 어떤 놈이야?" 하면서 구둣발로 디비 차버리는 기라. 마당에 또 나뒹굴어버렸네. 어린 게 건빵 그기 얼마나 중요한지 그거만 주어가지고 있고. 방에 있던 놈이 '요리 오라' 이카더라고. 그래 인자 마루에 올라서가지고 방문을 짚고 섰지. 거서도 "너 임마, 어데 사는 놈이냐?" 우리 집이라고 그랬지. "느그 집이면 느그 엄마, 느그 아버지가 있을텐데 어디 갔냐?" 이거야. 그래 '아버지는 어제 아저씨들 짐 지고 가서 없고 나는 고모집에 갔다가 오는 길'이라고. 그라니까 거서도 "느그 형님이나 느그 누님 없냐?" 이거야. "우리 어머니는 3년 전에 돌아가고 아버지하고 둘이 살았다." 이래 얘기를 하니까 "저 놈의 새끼 거짓말한다." 이거야. 집에는 어머니가 있었으니까 여자 옷도 있고, 그랬을 거 아냐.

그때는 우리 집 뒤에 2~3미터 되는 굴이 하나 있었다고. 별난 거 다 갖다 놓는 땅굴이 있었어. 그 해에는 나락 농사가 좀 잘되었어. 그래서 떡이나 과자를 만들어서 굴에다 재어 놨었다고. 그러니까 "느그 엄마가 없는데, 굴에 떡 같은 게 왜 있냐?" 그래 그건 우리 것이 아니라 우리 집에 굴이 있으니까 이웃에서 갖다 넣어 놓은 거라고. "그러면 저기 걸려 있는 저 여자 옷은 누 거냐?" "그건 우리 엄마 꺼다. 내가 옷이 별

로 없어서 가끔 그런 거 걸치고 댕긴다"고 하니까 "요 쪼그만 새끼가 거짓말을 잘한다, 쏴버려!" 하더라고. 인자 난 죽은 거야. 혼이 다 나간 기라.

그러고 있는데, 보초가 "선발대 인자 간다, 가자." 이런 소리가 들리더라고. 그 다음에 철커덩하고 총소리가 나고 화약 냄새 같은 게 얼굴에 확 닿더라고. 화끈하더라고. 그러고 마루바닥에 쓰러졌어. 한참 있으니까 또 정신이 돌아와. '이상하다. 난 죽었는데, 총에 맞았는데….' 그래서 어디에 총을 맞았는가 찾아 봤지. 근데 몸에 총맞은 자국이 없어. 총은 분명히 쏘았는데….

이상하게 죽은 어머니가 가장 무서워

그리고 그것들은(군인들은) 다 떠나고 없어. 그래서 엉금엉금 방에 들어갔는데, 불을 얼마나 때었는가 그냥 맨몸으로는 거기 누울 수가 없어. 한 쪽 구석에 누워 있다가 밥을 좀 얻어먹어야겠다 싶은 생각이 들어. 마을에 사람들은 없을 거고, 우리가 모지랑 할머니라고 부르는 사람이 있었어. 점도 쳐주고, 사람들 아프면 굿도 해주는…. 그 할머니가 우리 아버지하고 친해가지고 거기를 갔어. 그 할머니가 집에 있더라고. 그 분은 피난을 안가고. (할머니가) "느그 아버지가 군인들 짐 지고 갔는데, 못 봤느냐?" 거기서 인자 우리 아버지의 소식을 들은 거야. 꽁꽁 얼은 보리밥하고 소금하고 내놓는데, 어린 게 그걸 먹을 수가 있나. 못 먹었지.

그러고 있는데, 주먹만한 눈이 내리기 시작하는 거야. 거기 혼자 있어봐야 도저히 살 길이 없거든. 할머니가 "느그 외갓집 쪽으로 가야 사는데, 갈 길이 없다." 그때 마침 마을의 한 아주머니, 촌에서 정주댁이라고 불렀는데, 그 아주머니가 지나가더라고. 할머니가 그 아주머니를 불러 세워놓고 '어디로 가냐' 고 하니까 '남상 쪽으로 간다', 그랬던 모양이야. 날더러 따라가라고 해. 그런데 건빵을 집에다 두고 온 기라. 게다가 맨발이제, 눈은 오제, 막 망설이고 있는데, '왜 안 따라가고 있느냐, 따라가라' 고 재촉을 하더라고.

그 땐 죽고 사는 건 둘째 치고 건빵 생각이 더 났어. 아쉽지만 억지로 따라 갔는데, 마을에서 약 100여 미터 떨어진 곳에 청수천이라는 개울이 있습니다. 거를 건너는데, 도저히 발이 시려 갈 수가 없는 거야. (발만) 동동 굴렀지 뭐. 그러고 있으니까 그 아주머니가 가다말고 버선을 하나 꺼내서 신겨 주더라고. 그걸 주더라고, 이거라도 신으라고. 그거 신으니까 구세주 만난 것보다 더 반갑더라고. 그런데 워낙 낡은 버선이다보니 얼마 안가 헝겊이 너덜너덜해져. 거기에 눈이 똥글똥글 맺혀가지고 밟으면 더 아파.

어쨌든 죽다가 살아나온 학살 현장으로 다시 가는데, 딴 사람은 안 무서운데, 우리 어머니가 너무 무서운 기라. 우리 어머니가 나와가지고 내 발목을 땡길 것 같은 그런 기분이 드는 기야. 그래서 (죽은 어머니) 옆을 지나가는데, 바로 쳐다보지 못하고 곁눈질로 쳐다봤어. 까마귀가 거마 새까맣게 앉아서 송장들을 뜯어먹고 있는 거 있지.

그 고개를 넘어, 남상면 무촌 매산이라는 곳이 있습니다. 요새는 길이 잘 되어 있지만 그때는 사람만 갈 수 있는 길이었어요. 거기서 쉬어

가기로 했는데, 나는 아무 것도 못 먹은 상태에서 춥고 고생만 해놓으니까 앉으니까 '술술술술' 마 쓰러져버리는 거야. 인자 그 아주머니가 '어지간히 쉬었으니까 가자'고 그라는데, 도저히 일어날 수가 없어요. 도저히 못 일어나니까 그 아주머니가 내가 신고 있던 버선을 벗겨서 눈을 덮어줘요. 여기서 죽으면 까마귀들이 눈을 파먹는다고 덮어주고 가는 거야. (아주머니가 가려고 하는데) 내가 살려고 그랬는지 고종사촌형수가 나타난 기야.

그 아주머니랑 형수랑 하는 얘기를 들어보니까, 먼저 피난을 갔는데, 우리 고모가 뒤쳐져서 데리고 가려고 돌아오는 거라고 해. 그러면서 신원이 어떻게 되었다는 둥, 아무개는 어찌 됐냐는 둥 그런 얘기를 해. 그 얘기가 귀에 다 들여. 그래 "자는 누군데 저래 났냐?" 이라니까 그 아주머니가 "문섭인데, 저 놈이 청수태(청연)에서 살아나와서 여기까지 왔는데, 도저히 안 일어난다. 이제 죽을란갑다" 하고. 그래서 형수가 내 가슴에다가 귀를 대보고, 맥을 쥐어보더니 "아직 죽지는 않은 것 같다", 그카더라고. 그리고 눈을 덮어놓은 버선을 집어던지고, 어디서 손바닥에 물을 떠와서는 내 입에 넣어 주더라고. 그러면서 나를 업고…. 거기서 우리 외갓집이 약 1km 정도 남았어요. 형수가 나를 그 신작로까지 업어다주더라고. 가는 길에 탁 정신이 돌아오더라고. 그래서 '형수….' 카니까 '인자(이제) 정신이 드느냐' 이거야. 눈물밖에 안나는 기라. 인자 우는 거지. (형수가) "지금 신원으로 넘어가면 안된다. 군인들이 사람 다 죽인다. 가지마라"고 해. 그래가지고 자기는(형수는) 나를 거(신작로에) 내려주고, 나는 우리 외갓집으로 간 겁니다.

이틀 사이에 세상 다 산 기분

그러니께 내가 다섯번을 죽을 뻔한 기라. 자, 청연에서 한번 죽었지요. 내동 마을에 왔다가 군인을 보고 뒷산으로 올라갔다 얼어서 죽을 뻔 했제. 다시 마을로 내려왔다 군인한테 들켜서 개머리판 맞아가 죽을 뻔 했제. 또 우리 집 와서 군인이 총 쏴서 죽을 뻔했제. 아주머니 따라 외할머니집으로 가다가 지쳐 죽을 뻔한 거 아입니까. 그러니까 이틀 동안 내가 다섯번을 죽은 거야. 딱 이틀 사이. 9일과 10일, 이틀 사이라. 그 동안에 내가 세상을 다 살은 겁니다.

그래 다섯번 죽었다 살아가지고 외갓집으로 갔는데, 우리 아버지가 거기 계시더라고. 우리 외갓집이 신작로 가에 있었거든. 어느 날 기관총을 든 군인들이 요즘 말로 쓰리쿼터(3/4톤 트럭)에 타고 가는 광경을 목격했어. 차가 뭐 몇대 되더라고, 숫자는 안 세어봤는데…. 그 당시는 군인들이 저리 다니느라 생각했어. 참, 그 사람들이 가고 난 뒤 얼마 안 있어 총소리가 나더라고. 거서 얼마 안돼 총소리는 들리거든. 그때는 그것이 뭔지 몰랐는데, 지금 생각하니 그것이 국회조사단이었든가 하는 생각이 들어.

그 이후 제가 난리 때문에 열한 살에 신원초등학교를 들어갔어요. 그때도 박산에 시체 수습하러 댕기는 두루마기 입은 사람이 많이 왔다 갔다 하는 거예요. 6학년 1학기쯤 되어가지고, 우리 마을에 백연제라고, 백 면장이 있는데, 우리 아버지하고 친굽니다. 그 어른이 "(사건의 전말을 아니까) 자는 여 놔둬서는 안 되겠다. 서울에 있는 즈그 형한테로 보내라. 저 놈은 (여기 있으면) 어느 때 어째 끌어다 죽일지 모른다"고 해서 제가 객지에 일찍 나갔습니다. 57년도인가, 그때 제가 열다섯인가, 열여섯인가에 객지에 나갔습니다. 죽일지 모른다 해서….

책만 펼치면 그 생각밖에 안나는 기라

그 백면장이라는 어른 때문에 서울에 일찍 가게 되었어요. 그 후로 그 사건이라는 거는 생각도 하기 싫고. 1년 놀다가 중학교를 들어갔는데 책을 펼치면 머리에 그 생각밖에 안나는 거야. 공부가 안되는 거야. 그 당시는 시시한 학교는 등록금만 내면 졸업했거든. 그래서 고등학교까지 댕겼지마는 전부 낙제점수로 졸업했어. 60점 이상을 받아보지를 못했어. 내가 인창중학교를 나왔고, 고등학교는 수성전기공업고등학교를 나왔어.

학교 댕기면서 고향에 가끔 왔지요. 고향에는 아버지가 계시니까 왔고, 제가 유족회 활동을 어떻게 하게 됐냐면, 1988년도 《월간조선》 9월 호, 김재명 기자가 거창사건에 대해 쓴 기사를 봤다고. 그 책은 지금도 집에 있습니다. 그 기자를 찾아 갔어요. 가서 "거창에 유족회가 있냐?" 하니까 있다고 그라더라고. 그 당시가 문병현이라는 분이 회장을 할 때였어. "그런데 한동석이는 어디 사냐?"고 하니까 "안양에 산다", 이거야. 그러면서 그 기자가 한동석이 주소, 전화번호, 또 부산에 사는 문병현 회장 주소, 전화번호 다 적어 줘서 자발적으로 문병현 회장한테 전화를 해가지고, "아, 유족회가 있습니까?" 하니까 "있다", 이거야.

"그라믄 나도 유족회 활동을 해야 되겠다"고 했어요.

88년도에 위령제를 지낸다 해서 내려와 보니까 다 박산 유족들인데,(울먹임) 박산합동묘역, 여만(여기서만) 합동위령제를 지내더라고. 그래 내가 "형편이 잘못된 게 아니냐?" 했더니 "왜 그러냐?" 이거야. "합동위령제라면 제3의 장소를 택해서 전체 합동위령제를 지내야 되는 거 아니냐?" 그래가지도 제가 당시 문병현 회장하고 타협해가지고 89년부터 합동묘소 위쪽에서 지내게 됐어요.

89년도, 음력 7월 28일인가, 29일인가 그럴 겁니다. 그때 제1회 전체 합동위령제를 지내게 되었다는 겁니다. 올해가 15회인가, 16회인가 될 겁니다. 그때부터 제가 유족회에 발을 디디놔가지고(디뎌놔서) 협조도 하고, 서울지회도 만들었어요. 서울의 유족들을 모아가지고…. 그때 이철수 고문을 찾아가지고 그 분을 회장을 시키고 내가 총무를 하고, 이렇게 쭉 해내왔지요. 서울에서 특별법 만들고 그럴 때 시골에서 사람들이 올라와 누구 국회의원 만나러 간다고 하면 만날 장소와 시간 정하는 거, 그런 일을 제가 다 했지요.

그러다가 2000년도에 거창에 아주 정착하러 내려 왔습니다. 1999년도에 임호섭이라는 분이 회장을 할 때였는데, 그때 제가 총무를 보고 있었어요. 우리 전 회장님이 2000년도부터 2002년까지 회장을 하고 했는데, 그때도 총무를 보다 2002년부터 제가 회장을 하고 있는 거죠.

한동석 씨 집에 찾아간 적은

한동석 씨 집에 찾아 갔다고 말씀하셨지요?

89년도 7월인가 8월, 제가 적어논 것에는 정확하게 날짜가 있는데…. 한동석 집에 왜 갔냐면, KBS에서 거창사건 다큐멘터리를 찍을라고 권오석 PD와 제가 현지답사를 하러 왔어요. 그래서 한동석 주소는 내가 알고 있으니까 내려가면서 한번 가보자. 그래가지고 한동석 집을 찾아간 거예요. 가 보니까 3층집을 지어놨는데, 아래층에는 수퍼마켓을 하고, 2층에는 한동석이 사무실로 쓰고 있더라고. 3층에는 가정집으로 쓰는데, 호화롭게 잘살고 있더라고요.

권오석 PD라고 나하고 2층에 올라갔는데 다리가 후들후들 떨리더라고요. 가서 그 집 벨을 눌렀지. 눌렀더니 안에서 여인 목소리가 나더라고. 그래 '방송국에서 왔다'고 하니까 문을 안 열어줘요. "뭐 때문에 왔냐?" 그래 "잠깐 물어볼 게 있어서 왔다." 한참 경계를 하더니 문을 열어 주더라고. 그래 거실로 들어가지도 못하고 현관에서 여러 가지를 한참 물어봤어. "지금 한동석 씨 살아 있냐?" 그랬더니 "5월 25일날 죽었다"고 그라더라고. 몇년도인가는 생각이 잘 안나고. 그래서 "유품이 있냐? 아니면 남겨놓은 게 있냐" 이러니까 "아무것도 없다. 모른다"고 얘기를 해. 부인이 키가 조그맣고, 도수 높은 안경을 쓰고 있는 곱슬머리 아낙이었어요. 그렇게 한참을 얘기를 하다 거실로 안내가 되었는데, 인자(이제) 커피를 내어 오더라고. PD는 먹었지만 나는 그 커피를 안 먹었다고. "유품이나 남긴 말이 있냐?"고 하니까 "텔레비전 보다가 억울하다는 소리를 했다"는 거야. 살았을 때…. 한 시간 동안 얘기를 했지만 그 말 한마디밖에 못 듣고 왔어요.

내가 한동석이한테 편지도 두번씩이나 보냈습니다. 처음에는 안양으로 보냈더니 '자기도 할 말 있다' 이거야. '우리 유족 대표하고 한번 만날 용의가 있냐'고 하니까 '그렇다'고 해. 그래서 '우리는 당신을 보복의 차원에서가 아니고 화합의 차원에서 만나고 싶은데, 한번 만나자' 그랬더니 답변이 없어. 그때는 주민등록 추적을 마음대로 할 수 있었거든. 안양에 우리 유족이 하나 있어가지고 "답변이 안 오니까 주민등록 추적을 한번 해봐라" 이랬더니 강남구 AID 아파트로 주소를 또 옮겼더라고. AID 아파트 몇동 몇호까지 주소가 나오니까 그때 또 편지를 했어. 그때는 좀 과격하게 썼어. '왜 답변은 안하고, 장소만 옮겨 다니느냐? 유족과 만날 용의가 있다고 해놓고 왜 안 만나느냐?' 그때는 협박을 좀 했지. '끝까지 이러면 너 니 명대로 살지 못한다. 우리 유족이 가만 안 있는다. 떳떳하다면 해명해라.' 이렇게 편지를 두번 보냈다고.

내가 전화도 걸어봤는데, 바꾸라고 하니까 안바꿔주더라고. '어디갔냐'고 했더니 '나갔다'고 그래. 그 마누라가 (그렇게) 얘기하는 거야. 그래서 내가 "끝까지 느그들이 이렇게 (진실을) 은폐를 하고 살 수 있을 것 같으냐? 유족과 만난다고 그래 얘기해놓고 왜 피하느냐? 만나자!" 나중에는 내가 흥분해서 반말로 이래 하니까, (그 여자가) "왜 반말을 하느냐?" 이거라. 그래서 "니 남편이 어떤 놈인지 아냐? 수백 명을 죽인 살인자야." 이런 식으로 협박을 했거든. 그런데도 그 여자가 전화는 안 끊습디다. 끝까지 다 들어. 나중에는 별소리를 다했지.

옷에 불붙었어도 죽은 척하고 살아남아

부상자나 생존자는 얼마나 있습니까?

현재 생존해 있는 분은 5명인데, 총상을 당한 사람은 한사람이에요. 그 사람은 지금도 다리를 절고 있고, 절뚝절뚝하고 돌아댕기고. 나는 당시에 2월 5일날 군인이 방에 들어와 총을 쐈다 그랬잖아요. 그때 고막이 나갔어. 그걸 가만히 놔뒀더니 고름이 흘러가지고. 그때는 촌에 뭐 병원이 있었습니까? 그대로 놔둬가지고 귀가 이거 지금 병신이 된 거야. 그래가지고 60년도 3·15 부정선거 때 3월 15일날 아침에 서울 성모병원에서 수술을 했어. 가만히 놔두면 뼈가 썩어서 죽는다고 해서. 그런데 이것도 보상이 될랑가 안될랑가는 모르겠습니다마는 현재로서는 부상자 보상을 한다면 한사람밖에 없지 싶어.

그러니까 청연학살에서 살아님은 사람은 디섯이고, 탄량에서 살아남은 사람이 한 명 있어요. 이 분은 곽건섭 씨라고 현재 부산에 사는데, 마을에 있다가 관통상을 입었어. 그리고 박산에서 살아난 사람이 정방달. 청연에서는 남자는 김운섭, 김운출, 또 여자는 정영자, 김경순, 김미자가 살아남았지.

이 중에 아직 살아있는 분은 누군가요?

청연학살에서 살아난 사람은 다 살아있지. 전부 애들이었으니까. 나도 당시에 아홉 살짜리였다고. 내가 당시에 아홉 살이었고, 운출이가 두 살인가, 세 살인가 그렇고 정영자는 열 살, 경순이가 다섯 살이었고,

미자가 두 살인가 그랬어. 그러니까 지금까지 살아있지. 내가 아까도 얘기를 했지만 군인들이 죽은 엄마 젖꼭지를 빨고 있는 몇 애들은 안 죽이고 그냥 갔더라고. 차차 죽을 줄 알고 그랬는 모양이라.

그나마 청연에서는 불을 안 질러서 살 수 있었던 거야. 나중에 들으니 탄량에는 불 질렀다 하대. 임분임 아주머니는 '옷에 불이 붙었는데도 뜨거운 걸 참고 죽은 척해서 살 수 있었다' 고 하대. 탄량은 기름은 안 뿌리고 나무에 불을 붙여 마을을 쑥대밭으로 만들었어. 박산에서는 나무를 깔고, 기름까지 부어 불 질렀고. 그래서 제일 많이 죽었던가봐. 아까 박산에서 정방달이라는 사람이 살아났다고 했제. 그 사람은 바위 밑에 들어가서 살 수 있었다고 하대.

저는 이덕화라고 하고, 나이는 육십 일곱입니다. 난리 때는 열한 살이었죠. 그날이 정월 초닷샛날 저녁때입니다. 저녁때가 되어서 밥을 먹는데 이웃 어른이 놀러오셨어요. 놀러오셨는데, 그때 형수는 안 계셨는데, (형수가 안 계셔서) 우리 작은 형님이 밥을 지어가지고 먹고 있었는데, 그 어른이 놀러 오신 기라요. 우리는 저녁을 먹고, 아버님은 (이웃 어른과) 서로 이야기하시느라고 고마 숟가락도 들고 않고 얘기만 하는 기라요. 두 분이…. 우리는 저녁 다 먹고, 숟가락 놨어. 숟가락을 놨는데, 총소리가 나는 기라요. 우리 집이 제일 위에 집입니다.

중유에서 제일 위 집인데, 그래 총소리가 나디만 고마 '손들고 나오라', 하는 기라예. 즈그 손으로 문을 열고…. 나오라 하는데 안 나오고 됩니까? 안 나오면 쏴 죽인다고 하죠. 아버님하고 인자 형님은 두 형님이 그때 계셨거든요. 나오라 하는 사람은 흰 두루마기를 입었어. 흰 두루마기를 입고, 지금 생각하면 캘빈 총이에요. 그걸 거꾸로 매고, 그러니께 인자 총 앞이 밑으로 가게 거꾸로 매고…. 나오니께 그마 불을 질러 버려요. 짚단에다 불을 써(붙여) 가지고 그마 몸채, 마구간 안있습니까? 거(거기에) 불을 지르는 기라요.

이덕화

교실에 있던 사람들 "골로 갔다"

콩나물 시루같이 빽빽한 교실

그래 인자 동네 밖으로 나왔어요. 조금 있다 보니까 동네가 꽃밭이라요. 전부 불을 싹 다 지른 거라요. 그래 인자 한참 있응께네 (동네 사람들을) 진부 다 훑어 가지고 오는 기라요. 발길로 차고…. 그래 동네 앞에 논이 있습니다. 논이 있는데, 동네 사람을 인자 (논으로) 집합시킨 기라요. 군인들은 '여 모여 놓고 (동네 사람들을) 죽인다.' 그래 이런 말을 하는 기라요. 그래 어린 마음에 죽는 거보다는 피신을 하면 안 났겠나 싶어서…. 사람 모인데, 그 옆에 큰 돌이 섰어요. 요 사이에 사람 하나 들어갈 공간이 있어요. 공간이 있는데, 나는 거(거기)에만 들어가 웅크리고 앉았는 기라.

그래 앉았는데, 연설을 해 싸코, 대략 10분 동안 군인이 연설을 하더만 그냥 데리고 내려가는 기라요. 신원학교로…. (저는) 거(거기) 쪼매 앉았는데, 다 내려갔거든요. 사람이 다 내려가고 없어요. 혼자 어디 갈까 싶어도 뭐 무서워서 가도 못하는 기고. 어둡긴 어둡고…. 지금 생각한 께네 고때 시간이 한 일곱 시 정도 넘겨 됐나 싶어요. 그래 인자 할 수 없이 안내려갔습니까? 혼자서 내려갔어요. 길은 아는 길이고…. 그래 인자 내가 신태릉을 뛰어 내려 왔지. 소재지에서 한 약 4km 됩니다. 그래 한 2km 정도 내려가니까, 뒤에 가는 (마을) 사람이 하나씩 드문드문 내려오는 게 보여요. 군인들이 맨 뒤에 서고요. 군인들이 내 뒤로는 없었어요. 나는 혼자 떨어져 숨어 있다 내려오니까 내가 거(거기) 있는지는 모르는 기라요.

그래 인자 내려오는데, (마을 사람들을 보면서) "소변도 안보고 싶은가 베?" 이런 소리 하는 군인이 있어요. 그때 어른들이 지금 매로(처럼) 눈치만 있어도, 뭐 논두렁 밑에, 밭에 내려가면 (군인이) 아는가요? 소변보는 척하며 고마 어디로 넘어갔으면 사는 건데…. '설마 죽이겠나. 죄 없는 사람 죽이겠나', 이런 생각을 하며 다 내려간 기라예.

어디를 갔냐 하면, 교실로 전부 들여보내는 기라요. 그때 어머니가 중풍이 들어가지고. 그래 어머니도 와서 있는 기라요. 그 당시는 어머니가 어째 내려왔는지 물어볼 새도 없고…. 그날 밤을 거서(교실에서) 새우는데, 잠을 잘 수가 있습니까? 콩나물 대가리처럼 밤새도록 요래 요래 앉아 가지고 안 견뎠습니까? 견뎠는데, 날이 샜어요. 날이 샜었는데, 군인이 하나 들어오더니만 '군인 가족 손을 들라'고 캐요. 손 든 사람이 하나 둘도 아니고 여럿인데, 인자 '손을 들고 있으라' 해요. '손 내리라 하기 전에는 내리지 말라' 하고. 그래 한 사람씩 착착 빼내가지고…. 누가 군인을 갔는고? 친척에 군인을 간 사람이 있으면 누구 이름을 대야 알 거 아닙니까? 이름을 대고 확인을 하면 인자 딸린 식구들,

말하자면 세대주, (세대주에) 딸린 식구가 몇 명이면 그래 인자 확인을
해가지고 내보내고, 내보내고…. 손 든 사람은 얼추 다 빠져 나갔어요.
우리가 맨 뒤쪽에 있었거든요.

교실에 남은 사람 골로 갔다

그래 인자 아버님이 손을 들고 있었는데, 인자 나한테는 사종됩니
다. 그때 군대 가신 사종 형님이 두 분 계셨거든요. 그래 인자 이름을
대고 나왔는데, 우리 나오고 나서 우리 집에 왔던 그 어른이 손을 드는
기라요. 그 뒤에는 손드는 사람도 없어요. 우리는 인자 빠져 나오는 기
라요. 빠져 나오는 순간에 군인이 하나, 지금으로 말
하면 높은 사람인 모양이에요. 그 사람이 그래
"웬 군인 가족이 이렇게 자꾸 나와?" 이레
하면서 그 어른 나오고 나서는 고마 문을
닫아버렸어요. 인자 그 손들고 나온 사람
은 '여 있으면 죽을 끼다', 이런
생각이 있었던 모양이
지요.

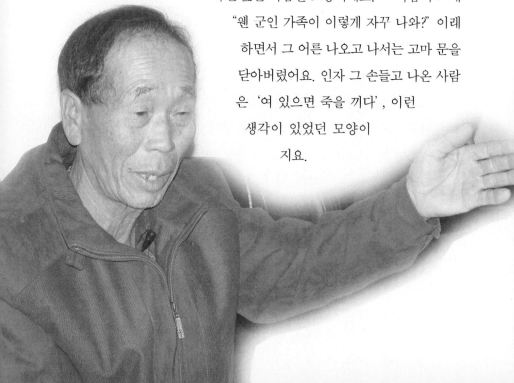

그래 인자 학교 마당에 안 나왔습니까? 나오니까 우리 당고종 형님이 그때 이장질을 했어요. 지금으로 말하면, 이장질을 했는데 아버지가 말씀하시기를, "우리는 어째야 되노?" 이러니까 "저 아래로 내려가라 (피난가라)" 하는 기라. 그래 인자 소재지 밑에 하상재리 라는 데가 있습니다. (그래서) 인자 안내려갔습니까? 그래 인자 여럿이 내려가는데, 누가 "위에(교실에) 있는 사람 골로 갔다" 이기라요. '골로 갔다' 캐요. 옛날에 그게 무슨 말인지 모르는 기라. 골로 간 게 뭐 인고. 우리 동네 일본 다녀온 아저씨가 한 분 계셨거든요. 그래 (골로 갔다는 게 일본말인 줄 알고) "동상(동생), 골로 갔다는 게 무슨 말이고?" 이래 아버지가 물어보니까 "아이고, 형님 나도 무슨 말인고 모르겠싶니더." 그러고 내려가는 길에 누가 "저기 있는 사람 다 죽었다" 이러는 거예요. 그 소리 들으니 참 발이 안 떨어져요.

인자 저 밑에 내려가면 학교가 하나 더 있습니다. (그 학교에 사람들을) 집합을 시킨 기라요. 동네 분 한 분이 주먹밥을 해 가지고, 소금을 해 가지고 간간하니 (주먹밥을) 뭉쳐와서 한 뭉치씩 주는 기라요. 인자 묵고 그래 있으니까 군인들이 "친척간이 있으면 그리 가라" 카는 기라요.

그 노인 얘기 한 합디까? 우리 집에 온 그 노인…. 이웃으로 사니까 한 목으로 뭉쳐 다녔어요. 우리 친척간인 집으로 갔는데, 가서 밥을 얻어먹고 한 삼일을 그 집에서 살았어요. 하루 이틀도 아니고 미안해서 있을 수도 없는 기라요. 그때 그 노인은 좀 잘 살았습니다. 우리는 좀 몬 살고…. 그 노인이 하는 말씀이 '오데(어디에) 방이 하나 있으면 거서 (거기서) 밥을 해 먹고 생활하자' 고 (방을) 좀 알아보라…. (우리한테) 방을 한 칸 마련해 주는 기라요. 그 방이 길이가 한 넉자 정도밖에 안돼요.

말하자면, 한 평도 안된다는 거 아입니까? 여기서 우리 형님이랑 어머니랑 나랑 아버지랑 그 집에 노인 내외분, 여섯이 거서(거기서) 그날 저녁에 생활을 하는데 뭐 쌀이 있나? 반찬이 있나, 냄비가 하나 있나? 그 노인이 좀 잘 사니까 돈을 좀 챙겼던 모양이라요. 그 돈을 가지고 쌀을 팔아 가지고 밥을 해서 우리는 아들이라고 형님하고 나하고는 조금 마이(많이) 주고, 어른들 네 분은 안 죽을 만큼 연명을 한 거에요.

낮에는 일하러 올라가고 밤에는 내려오고

그래 있으면서 (내가) '어머니는 어째 내려오셨나'고 이래 물었거든요. 그래 물응께 아버지가 나올 때는 동네 밖에까지 나왔는데, 어머니는 두고 왔는데, 집은 불타고 있는데, 인자 올라갈라 카니께 군인들이 못 가게 하고, '이 사람이(안식구가) 불에 타 죽는다'고 막 사정을 하면 또 발길로 걷어차고…. 그래 올라가니 집이 다 타 버리고 어머니는 나오도 못 하는 기고, 방 안에 갇힌 거에요. 아버지가 인자 들어가서 디꼬(데리고) 나와가지고, 어머니를 업고, 소를 몰고, 내려왔다고 해요. 소는 학교 운동장에 매 놔뚜고….

그래가지고 일주일 간 (목숨을) 연명만 하고 생활을 했습니다. 고래 생활을 하니까 한번은 집에 올라가지고 양식 있는 사람은 저 양식을 가져다 먹으라고 이런 연락이 왔어요. 한 4km 되는데, 한 시간 내로 갔다 오라고 하는 거에요. 그래 인자 한 2km, 1km 반 올라가니까 큰 돌이 있는데, 돌 옆에 보니까 그 노인이, 우리 바로 아랫집 바로 노인인

데, 연세가 많아요. 눈도 어둡고…. 담뱃대를 물고 요래 웅크리고 돌아
가신 기라예. 그때 올라갈 때도 제가 제일 먼저 올라갔어요. 거 여남은
살 넘겨 먹은께네 좀 빠리빠리하다 아닙니까. 놀라 뒷걸음을 움찔움찔
췄어요. 본께 저한테 할아버지 되거든요. 우리 집안 할아버지라요. 그
래 인자 쳐다보고 올라왔다 아입니꺼? 올라온께네, 우리 집에는 마침
쌀이 있어요. 죽기 아니면 살기지. 한 시간 안으로 갔다 오라 카는데….
그래 짊어지고 내려와서 또 피란집(피난해 있는 집)으로 안 갔습니까? 그
래 거서(거기서) 생활하다가 우리 당고종형님은 고마 돌아가시고. 당시
에 스물여섯 살이라. 거서(거기서) 한 달 이상 있었지 싶어요.

　그래 농사철이라 농사를 짓지 안했습니까. 집이 불에 다 타서 집도
아니지요. 그래가지고 농사를 지으면서 낮에는 일하고, 밤에는 내려오
고…. 내려와서 자고, 올라가서 또 일하
고…. 일도 하고 싶은 대로 몬합니다. 해
만 넘어가면 내려와야 돼요. 해만 갔다
카면 내려와야 되는 거지, 어둡도록 있
도 몬하고. 그게 말이 사는 거지 죽는
기나 같았습니다.

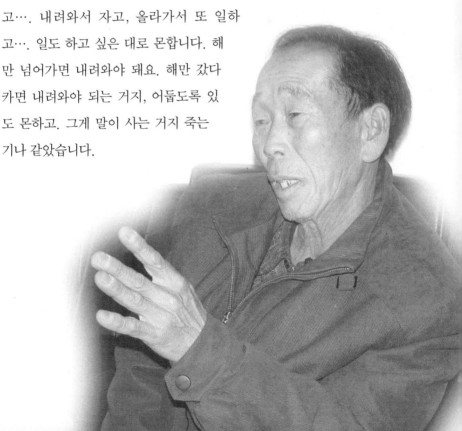

그 때 애들 많이 죽었지요

교실에는 어떻게 들어갔나요?

인자 내려오다가 사람들을 만났으니까…. 그러니까 교실로 들어가라고 하니까 한데 인자 들어가는데, 교실에 들어갈 때도 저 혼자 들어갔어요. 우리 식구는 오데로 간 줄도 모르고…. 동네 사람이 많아 논께. 또 밤이제. 고마 들어가라 카는 대로 들어갔는데, 이튿날 아침에 보니 형님도 계시고….

큰 형님은 인자 고때 나이가 젊응께네 큰 형님은 빼 갔어요. 그 안(교실)에 들어가서, 형님 나가시는 걸 보고 알았거든요. 젊은 사람은, 좀 빠리빠리한 사람은 전부 다 빼 가지고 나갔어요. 뒤에 알고 보니까 그 사

람들을 왜 빼갔냐면 일 시키려고…. 알고 보니께 사람 죽여가지고 불태울라고 나무도 짊어지고 가고, 이랬단 말을 들었습니다. 한 사람은 우리 부락 사람인데, 살아 나왔습니다. 도랑가로 올라가다가 지게를 짊어지고 아래로 내려왔는 기라. 지게를 진 게 변명 대기(하기)가 좋아 그랬다 카는 기라요. 그래 인자 군인을 만나가지고 '너, 와 이래 내려오냐' 카는데 그래 인자 '오데 심부름을 시켜서 심부름 간다고….' 뭐 지러 간다고. 그래가지고 자기 식구들은 싹 다 희생돼 가지고 그분 혼자만 지금까지 살아 십니다.

저도 아버님만 손들고 안 나왔으면 뭐 희생 됐지요. 난 그때 입학해서 열 살 먹었어요. 열 살 먹을 때 입학했어요. 2학년 올라가려하다 그리 됐거든요. 아이고 참, 선생님이 귀여워하고 그래 쌌었는데, 형편상 그리 됐습니다. 그때 애들이 많이 죽었지요. 우리 (학교) 선배들도 있고 후배들도 있고. 그때만 해도 어린애를 많이 안 나왔습니까? 생기는 대로 다 낳았거든요. 그러니까 한정도 없는 기라요. 집집마다 보통 대여섯은 됐을 거거든요. 우리 동네는 일곱 집인가 완전히 문닫아버렸어요. 한 사람만 산 집이 두 집 있어요. 권도술 씨라 카는 분하고, 또 다른 한 분 있고요.

그래 얘기 들은 바로는 이런 말을 들었어요. 그 구덩이에 인자 사람 희생 시킬 때, 한 사람은(군인은) 눈을 지그시 감고 외면을 하고, 총을 쏘는 사람이 있고…. 그래 인자 외면을 하는 사람은 대장한테 몬 이겨가지고, 눌러가지고…. 그런 얘기도 들었습니다. 사람이 마찬가지 아닙니까? 그 어린 거….

학교 더 이상 다니지도 못해

그라고 나서 인자 학교는 다니지도 몬했습니다. 왜 몬 다녔나면, 어머니가 중풍에 걸려가지고, 지금 세월 같으면 안 그랬을 긴데, 밥 해줄 사람이 없는 기라. 인자 형님이 희생돼 삐리고 나니까, 형수가 그때 딸 하나 낳았었고, 또 유복자 하나 낳아가지고, 그게 머슴아(아들)인데, 고마 잃어버렸어요. 잃어버리고 나서 큰 형수는 고마 세상을 등졌다 아입니까? 형수가 가고 나니 밥 해줄 사람이 있습니까? 그래서 아버님이 도저히 안된다. 학교를 안 가도 밥은 먹어야 안삽니까? 고마 그걸로 (학교를) 종결지었습니다. 한글은 뭐 조금 밖에 모릅니다.

그때 혼자 숨어 있다가 내려 갈 때 '내려가면 죽는다' 이런 생각은 없었던 모양이지요.

내려가면 죽을 기라 하는 생각은 있었지요. 내려가다가 오데 마 누구랑 논두렁 밑에 숨어 있다가 어디 넘어가고 싶은 마음이 간절했어요. 혼자 있는 걸 몬 견뎌 따라갔지요. 조금만 더 컸으면 다른 데 갔을지 모르겠는데. 그때만 해도 나이 여남은 살 먹으면 참 아주 어린 아(아이) 아입니까?

집에서 가만히 누워서 잠 안 올 때 생각하면 그게(그때 일이) 그득한데 이렇게 갑작스레 얘기를 하다 보니까 빠지는 게 많습니다. 그래도 기억력은 있거든요. 그러니까 얘기하지 기억력 없으면 얘기 못 합니다. 내 딴에는 탁 면도날 같은 기라. 지금 이야기한 게요.

저는 권필달이라고 하고 지금 77살입니다. 그때 늦은 저녁을 먹을 때였는데, 우리 신랑이 낮에 어딘가 가 있었거든. 콩나물 무쳐놓고, (신랑이) 오면 먹자하고 기다리고 있는데, 어디서 총소리가 나는 거야. 뒷집에 (형님들) 아랫방이 있어서 아이를 데리고 쫓아가니까 저기서 총알을 쐈는데, 안 맞았어. 빨간 불이 팍팍 날아가는데….

형님들 아랫방으로 가니까 '동서, 어서 오이라' 하면서 '엎드리라'고 하는 거라. 그러고 있으니께 무슨 소리가 와스락 와스락 하니까 방위대 장교 엄마가 내다 보더니 "아이구, 야들아, 우리도 나가자" 그라는 기라. 보니께네 전부 손들고 나오는 기라. 내가 얼마나 급했는지, 일곱 살 먹은 아이, 네 살 먹는 아이 신발로 안 신기고, 그만 손만 잡고 쫓아 나왔는 기라. 나오니까 우리 집에도 불 질러 버리데.

권
필
달

"등신들아 사촌이걸랑 형제간이라고 땡기라고"

어린 딸들은 밥 달라 보채고

그때부터 골짜기로 가면, 나는 살길이 없다 싶어서 다른 사람보다 빨리 내려 왔는기라요. 아이를 업고…. 보니께네 제일 먼저 간 사람들은 핵교 운동상으로 쏙 들어가버리데. 우리는 한줄로 섰어요. 그러고나니께 군인들이 '교실로 들어가라' 하는 거라. 나는 딸만 셋이었고, 친정 오빠는 식구가 넷인데, (서로) 등을 기대있고….

날이 새니까 젊은 아저씨들 빼서 나가고, 그 다음에 새댁, 각시, 큰애기 빼서 나가고. 군인들이 후래쉬로 비춰보면서 '군인들 밥 해줘야한다' 하면서 데리고 가버리고, 또 군인들 가족, 그 사람들 빼내고….

가만 보니까 아무래도 죽이지 않으면, 때려 패기라도 할 것 같은 거라. 그래 마, 아이 둘 떼어내고 나간 사람을 쫓아 나와버렸어요. 쫓아나오니까 문 앞에서 막 밟고 패는데, 안 죽을라고 다시 교실로 엉금엉금 기어 들어가니까 딸 둘이가 엄마가 뭐하고 왔는지도 모르고, 배가 고프니까 "엄마, 밥 줘", 그러는 거라. 저녁 굶겼지, 아침 굶겼지 하니까 밥 좀 달래.

조사하는 사람들, 그 화랑부대가 눈도 빨갛고, 모자도 삐딱하게 쓰고, 참 무서워요. 손을 들고 있는데, 자꾸 총으로 들이대더라고…. 그래서 '방위대 장교가 우리 시동생이라고', 이래 했거든. 이리 오라 하는 거라. 그래, '신랑은 어디 갔냐'고 해서 '여기와서 부역 나갔다'고 하고 그래 나왔는 기라요.

내가 나오고 뒤로 한 집 더 나오고 문이 딱 닫혀 버렸어. (그러고 나서 다른) 교실로 들어갔더니, 군인 가족한테 주먹밥을 한 뭉텅이씩 주더라고. (형님이) '동서야 앉으라'고 하는데, 그만 앉지도 않았는데, (군인들이) '운동장으로 나가라'고 하대. 그래 나오니까, 운동장에서 '앉아라', '서라', 훈련을 한번 시키데. 그러더니 "웃동(윗동네)으로 가면, 바로 총 쏴버리니까 아랫동(아랫동네)으로 내려가라" 카대. 그래서 아래로 내려가지 않았습니까?

가슴이 매여 주먹밥이 안 내려가

교실에서 빠져나와서 또 분교학교에서 하루 잤어요. 우리 오빠는 바로 외갓집으로 가버렸고요. 분교학교로 간 사람이 제법 많은데, 한 20명, 한 30명 되었나 몰라. 그때 영감들은 있어도 젊은 사람들은 없었을 거구만. 친척 있는 사람들은 바로 가도 되는데, 우리는 그만 친척이 없으니께 분교 학교로 바로 넣던데요. 거기서 하루 자고….

그때 면장이라는 사람이 '군인 가족을 이리 많이 빼냈냐' 고 하던데. 우리 영감이 그 전에 반장을 해서 면장이 오면 닭도 잡아서 밥도 해 먹이고 그랬는데….

가니께네 흰두루마기 입은 어른이 오더만 "참 잘오셨다. 여기 나오신 사람은 다 살았다. 남은 사람들은 다 죽었다", 그러는데, 사람들이 막 우는 거라. 그 어른이 흰 두루마기 안에다가 담배를 가지고 와서 담배 필 줄 아는 사람은 주고…. 다른 사람들은 막 겁이 나서 간이 뛰 울리고….

그 흰 두루마기 입은 사람이 그 아랫 동네 구장이더라요. 그 사람이 오고 나니 살판이 나고, 서로 농담도 하면서…. 여기 나온 사람들한테는 "주먹밥을 해서 한 뭉텅이씩 줄 터이니 요기를 하라" 하는 기라. "우리 마누라도 아들한테, 젖을 뺏기니까 밥을 많이 먹던데, 아이 딸린 사람은 한 뭉텅이 더 준다" 하고…. 그래 나한테는 네 뭉텅이를 줘요. 그래서 그 날 저녁에 먹는데, 가슴이 메여서 밥이 긁어 내려가는 것 같아요. 이튿날에는 아이도 안먹고 어른도 안 먹고 밥을 못 먹어. 분교 학교에서 하룻밤 자고. 그 다음날은 그 사람들이 이제 먹여 못 살리거든. 그래 보내주데요. 그래서 나도 외갓집으로 간 기라.

그런데 피난한 사람들을 계속 조사한다고 잠도 못자게 해. 피난민들 몇명인가 그거 조사하고…. 그래 일주일 있으니까 먹을 거 갖고 오라는 거라. 그러면서 내가 25세였는데, 나더러 '여성동무!', 이라는 거야. 그래 할아버지들하고 뭉쳐서 다니기까 그런 소리 안하더구만. 혼자 다니면 그 놈들이 놀리려고 그라는 기라.

피난한 지 일주일만에 집에 갔지요. 그래 가는데, 우리 동네 들어가는 데가 보이는 거라. 까마귀 떼가 막 날아다니고. 그래서 들어가지도 못해보고…. 난 우리 어머니가 저기서 저리 되었나 보다 하고, 마 울고…. 신랑은 나 죽었는가 여기고 나는 신랑 죽었는가 여기고…. 집에 가니까 솥을 떼 놨길래 신랑이 산 줄 알았지.

돌도 안 지난 딸은 열흘 뒤 죽어버려

교실에서 하룻밤을 지내면서 있었던 얘기를 좀더 해주세요.

내 생각에 (군인들이 사람들을) 안 죽이면, 두드려 팰 것 같아. 그래 나가는 꾀밖에 안 나더라고요. 그래 아이를 떼내고 나와서 두드려 맞았어요. 나오다가 두드려 맞아가지고, 애기가 두드려 맞아서 조금 있다가 죽어버렸다 아이요. 나를 두드려 패는데, 아이를 업어 놓으니까 아이가 많이 맞았지, 내가 맞았겠어요? 그래 한 열흘 있다가 아이가 죽어버렸지. 돌도 안지난 아인데, 내가 아이가 셋이니까 4살, 7살, 막내가 돌도 안 지났지. 몇 개월 되었는고는 모르고…. 저기 골짜기 어디에 묻었는데, 나중에 가보니께 골짜기가 패여가지고 없더라.

그러면, 아기는 사망자 명단에도 안 들어갔겠네요?

안 들어갔지요.

두드려 맞고 도로 들어갔어요?

예. 도로 들어가서 조사를 받았는 기라. "너희, 신랑 어디갔노?" 그래 묻고, "군에 어디 갔노?" 그래. "이운하라고 우리 시동생이 방위대다" 이래 말했제. 이운하가 우리 앞에 살았는데, 즈그 가족들만 쏙 빼갔어. 그래도 그 사람 핑계대고 나왔으니께….

그러니까 할머니는 군인 가족, 경찰 가족이라고 주장을 하고 나온 거네요.

거짓말을 하고 나온 거지. 그때는 거짓말도 쓸만 하데요.

옆에 있던 사람들이 그 사람 경찰가족 아니라고 막고 그러지는 않았어요?

네.

한사람 한사람 다 조사를 받았습니까?

그렇지. 낱낱이 다 받았지요.

그때 이름과 주소도 다 물었어요?

주소도 안 묻고, 이름도 안 물었을 기다. 이름 안 묻고 '느그 가족 어디갔냐' '있냐' '없냐' 그거 묻고, 그것만 했을 끼구만.

교실 안에 있을 때 '우리를 다 죽이려고 한다', 그런 생각이 들었어요?

예. 죽이든지, 아이면 때려 팰 것 같애. 그래서 날이 새면 창문을 열고 나갈까, 이런 생각도 했고….

등신들아, 사촌이걸랑 형제간이라고 땡기라고

군인들이 경찰 가족, 군인 가족 나오라는 말을 했지요?

인자 밤새고 아침에 아저씨들, 젊은 청년들 빼내고, 젊은 각시들, 큰 애기들 빼내고, 그 다음에 경찰, 내 아들이 군대 갔거나, 그런 사람들 빼내고, 그리고 가족, 친척들 조사받고 그랬어요. 군인이 모자도 삐딱하게, 어떤 군인은 "등신들아, 사촌이걸랑 형제간이라고 땡기고, 형제간이걸랑 자식으로 땡기고…." 이래 싸면서….

빼내갈 때 젊은 각시들 먼저 빼내갔다, 그랬죠? 젊은 각시들은 몇 명이나 빠져나갔어요?

우리 중유에서는 두 명 빼서 나갔지.

젊은 각시는 빼내가지고 욕보일라 그랬어요?

그랬다고 하대. 아무 말도 안했으면 될 건데, 팔푼이 같은 게 목숨만 살았으면 될 건데, 젊은 각시들이 그랬다니까 우리가 알지. 우리야 밥 해주러 나간 줄 알았지, 뭐 알았나요? 나도 아이만 없으면 밥이라도 해주러 나가고 싶었던데…. 그래 하나는 이혼 당하고 하나는 죽었어.

그 다음에 젊은 아저씨들은요?

아저씨들은 일 시킨다고 데리고 나갔고….

그 다음에 이제 군인 가족, 경찰 가족이 나갔다고 했잖아요? 얼마나 나갔어요?

나 나가고 나서, 중유 사람은 아닌데, 한 집 가족이 더 나오고는 그만 문을 닫아버리고….

군인 가족들 많이 빼냈다고 한 사람이 박영보 면장이었나요?

네. 군인 가족들 많이 빼냈다고 하는 소리가 천장을 쩡쩡 울리는데….

박영보 씨를 분교학교 말고 신원학교에서도 봤어요?

아뇨. 그 땐 안왔지. 신원학교에는 군인하고 경찰하고만 있었고 구장이니 하는 사람들은 없었어요.

그래서 외갓집으로 돌아온 뒤 박산에 직접 가보신 적은 없지요?

안가봤어요. 나중에 뼈 추릴 적에 밥은 해주고. 집에서 물도 끓여서 이고 가고….

낮에는 경찰, 밤에는 산사람들…

그 화랑부대가 좀 더 신원학교에 머물렀나요?

네. 일주일만에 먹을 거 갖고 오라고 해서 갔더니, 나한테 '여성동무…' 이래 싸면서 깜짝 놀랬구만. 깜짝 놀라서 '아무 것도 모른다'고 하면서 가는데, 위에서 노인들이 와서 함께 다니니까 아무 말도 안 하데.

신랑이 낮에는 숨어 있다가 저녁에는 살짝 내려오고 그랬다는데, 왜 신랑이 낮에 숨었습니까?

반장이라고 경찰들 오면 또 애를 먹이제, 또 산사람 오면 애를 먹이제 그러니까 나중에는 남자들이 집에 없어.

그때 반장이었습니까?

네. 구장 밑에 심부름꾼. 그러니까 산사람이 와도 반장, 구장 찾으면 저기 집이 반장이라고 이리 가르쳐줘버리거든. 그러니까 어째요. 총부리를 몇 번이나 들이댔는지 몰라요. (방아쇠를) 막 땡겨버리려고, 그러면 주위에서 아줌마들이 이 사람, 그런 사람 아니라고, 밥을 내가 해 준다고 하면 놔주고, 몇 번이나 죽을 뻔 했는지 몰라요.

피난 시절에는 면장이 찾아오고 그랬지, 그 전에는 산사람 오고 그럴 적에는 면장이 못 왔지.

산사람들은 가끔 왔었습니까?

그 사람들은 똑똑 두드리면서 "산에서 왔으니까 놀라지 말라" 하고, 뭐 좀 달라고 해. 아무 말도 안하고 있다가 "아이고 배야, 아이고 배야, 나 애기 낳았어요." 그러면 '조리하라' 고 하면서 가데. 그것들이

순했어. (내가) 아이를 몇이나 낳았는지 몰라. 그럼 문 열고 들어오지
않아요.

저는 정월만이라고 하구요. 나이는 팔십다섯, 기미년생이요. 난리 때는 서른 두살이었고…. 섣달 그믐날, 인자 그믐이면 그때는 기계방아도 없고, 집에서 떡을 맨들어가(만들어서) 설 쇨 때 아니요? 정월 초하룻날 떡 우려가 (떡국) 끓여먹는다꼬. 그래 농사를 지(지어)가지고 그날 인자 떡을 칠라고, 마누라는 치고….

정
월
만

사람좋던 군인들이 왜 갑자기

군인들 짐 지고 이리 갔다, 저리 갔다

그랑께 섣달그믐날, 군인들이 들이닥쳐가지고 짐 지고 갈 사람을 빼내는 기라. 나이 많은 사람은 마 안 되고…. 그때 내가 한참 때거든. 그래서 그때 (나를 포함해서) 여섯을 추려가지고 짐을 지고 올라갔어. 무슨 짐인고 져봉께(져보니까) 가벼워. 그래가지고 희안으로 해가지고 과정 소재지 온께 아무도 없단 말야. 한 시간 동안 서가지고 있다가 산청읍에 가니께 사람이 없어. 산청군 금서, 그리 올러가니께 거기도 전부 다 비었어. 그날 저녁에 박영수는 위에 가가지고 고만 우리랑 같이 못 왔고, 박대준이 하고 강서진이라 카는 사람하고 나하고 서이서(셋이서) 갔는데, 중대장한테 "이까징(여기까지 짐을) 지고 왔응께 우리는 쪽지를 좀 써가지고 좀 보내주시오." 그리 해가지고 생초로 갔어. 어데로 갈 데도 없고.

그래 지서에 가가지고 누워 잘 데하고 저녁을 해달라고…. '쪽지 써

왔냐'고 물어. 그래 '있다.' 그래가지고 (지서에서 가라고 알려준 데로 가니까) 그 사람들이 저녁을 해줘가지고 먹고, 그 집에서 자고…. 지금 살림에 아즉(아침)까지 우리가 얻어먹을 수 없으니까…. 거기 오니께 고촌이라는 마을이 있어. 거기 올라온께 "우리 육촌 자형이 있는데, 거(거기) 가서 우리 뭐 좀 얻어먹고 가자." 그래 거(거기) 가가지고 (육촌자형이) 떡국을 끓여줘서 먹고 "우짠 일이고?" 그런께, "군인 짐 지고 왔다가 이리 됐다"고. 그래 거(거기)서 담배 피고 있다가 우리 집에 정월 초하룻날 왔습니다.

우리 가족 못 데리고 나왔는데…

정월 초하룻날, 인자 집에 오니께 떡국을 끓여주고, 부모님, 형제한테 세배하고…. 사람 쥑인(죽인) 날이 4일날인데(청연마을 학살을 말함 : 원주), 내가 아즉(아침)을 먹고 맨 밑에 집에서 사람 서넛이 모여 이야기를 하고 있는데, 군인이 와가지고 집에 불을 질러. 그래 집에 있는 사람들을 전부 끄집어내가지고 쥑일(죽일) 모양이데. 병신 들어, 막 중풍 있는 사람들도 업고 나가고…. '안 그러면 느그 쥑인다' 카니께 촌사람이 겁이 나서 안 나갈 수가 어디 있소.

인제 그리로(논으로) 올라강께 군인 가족, 순경 가족을 전부 다 빼내는데, 나는 짐을 지고 갔지만 내가 가족을 안 데리고 나왔는 기라. 인자 그래가지고 데리고 나올라 카니께 옆에 군인이 '이 새끼 죽을라고 카나' 그래. '우리 가족을 안 데리고 나왔다'고, '안된다'고…. 안된다고, 못 간다고 총을 겨눠. 그래가지고 나온께 그만 총소리가 나는데 굉장한 기라. 우리같이 그 깨끗한 부류들이 없는데, 이게 우짠 일이고.

논에 얼음이 꽉 찼는데, (사람들을 거기에) 세워가지고 쥐이는데, 논이 전부 피가 뻘거이(빨갛게), 그런 기라. 그래 (짐을) 짊어지고 '이제 우리 가족은 죽었다' 하고 무서워질라고 하고…. 그타본께(그러고보니까) 점심 때가 됐어. 그래서 거서(거기서) 점심을 먹고 난께…. 군인은 그때 연대본부를 차려가 있고, 인자 그래가지고 즈그는(군인들은) 가고, 우리는 (군인이) "느그는 갈 데로 가거라." 그래 나는 거창읍에 우리 형님이 있어서 그리고 가고…. 인자 그때 그래 됐소.

그 해에 내가 또 농사를 잘 지었는데, 마당에다가 나무를 깔고 스무 가마니를 인자 재워놓고, 그 위에 흙을 덮어놨어. 며칠 있다가 집에 왔는데, 본께 연기가 노라이(노랗게) 막 피어오른단 말야. 이게 아마 나락 타는 기라꼬. 또 며칠 후에 또 군인이 와가지고 그 남은 집을 있는 데로 싹 태우고, 전부 재가 돼가지고 있어. 뒤에 두번 더 와가지고 완전히 싹 다 태웠어요.

사람 좋던 군인들이 왜 갑자기…

할아버지 가족 중에서 누가 죽었습니까?
우리 마누라, 또 우리 아들, 우리 장모…. 우리 장모가 아들이 없어서 내가 데릴사우로 갔는데, 나만 살고 그 서이(셋이)는 전부 다 총 맞았어. 그때 우리 마누라가 스물 대여섯살 됐을 기라. 그때 아들이 네 살 묵었응께. 장모는 그때 한 51~52세 됐을 깁니다. 우리 마누라가 아들을 업고 죽었어.

가족들이 죽은 그 날, 마을로 돌아온 게 아니고, 죽은 다음날 와서 확인을 한 모양이지요?

네. 일이 글치요(그렇지요). 죽은 다음날 와가지고, 내가 나락을 해놓고…. 또 가가지고 며칠 있응께, 그때 인자 시체도 못 치웠소. 관의 명령이 있어야 치우지. 그래가지고 인자 거적데기 가가지고(가지고 가서) 본께 우리 아(아들)는 이리 총 맞아 나오고, 마누라는 이리 총맞아 나와 있고. 그래가지고 한데 싸가지고 묻었습니다.

섣달그믐날, 그 날은 동네 사람들을 다 안 불러 모았어요?

불러 모으지는 안하고(않고) 집집에 댕기면서 짐 지고 갈 사람만 빼낸 기라. 그때는 군인들이 사람을 죽이겠다, 그런 거는 없었어. 그때는 (내가) 인자 짐 지고 가가지고…. 지리산 가가지고 전투할라고. 하는 사람이고, (마을 사람들을) 쥑일란(죽이려는) 맘도 안 묵었던 모양이라. 그래 연대장이 지시를 내린 모양이야. 그 연대장이 '사람을 막 쥑이라' 이캤는가봐.

할아버지는 군인들하고 하루 같이 있었네요?

하루 같이 있었지. 그 땐 사람이(군인들이) 좋았어. (우리에게) 욕본다 해쌌코….

저 죽을 줄 모르고 살림 타는 것만 걱정

군인들이 사람들을 죽이는 걸 직접 보셨나요?

하모(물론). 봤지요. 몬 튀고로(못 튀어나가게) 군인들이 싹 둘러쌌지. 논이 여 같으면 나는 우에서(위에서) 봤지.

논에 가족들, 부인, 아들, 장모가 있었을 거 아녜요. 그 모습이 생각납니까?

지금도 생생하게 나지요. 저 죽을 동 모르고 살림하고, 식량 타는 거 그것만 (걱정해서) 울어쌌코. 피신할 줄은 몰랐어. 그래서 그렇게 많이 죽은 기라.

아무도 도망갈 생각은 하지 않고요?

하모(그렇지요). 군인들이 쥑일라고(죽이려고) 그래 할 줄은 몰랐어요. 정월 초나흗날 와서 사람들을 쥑인(죽인) 군인들이 우리 짐 지우고 간 군인들이라.

초나흗날도 군인들이 무서운 태도로 나오지는 않았어요?

안 했어. 부랑하게(불량하게) 나온 사람은 없었어. 그래 죽일 줄도 몰랐지. 그러니 맘 놓고 나간 기라.

사건이 난 뒤에는 어떻게 사셨어요?

　나락을 댓가마니 찌가지고(찧어서), 쌀을 방앗집에 맽긴 거, 그거 갖고 그 해에 묵고 농사짓고 그럭저럭 생활이 돼가지고, 이때끼(이때까지) 명을 보전하고…. 재혼해가지고 아들 놓고(낳고), 그래가지고 살았어.

저는 문철주라고 하고, 칠십 한살입니다. 그때가 제가 열아홉 살 때인데, 제가 살던 곳이 배개마을이라고 할배할 때 배, 베개할 때 개 자를 씁니다. 그 당시에 마을에 한 45세대에서 50세대가 살았습니다.

인제 삼촌하고 저하고 둘이서 한 방에서 잤습니다. 그때가 2월 10일날이었을 긴데, 갑자기 새벽에 총소리가 마이(많이) 나드마는 군인들이 우리 마을을 집중사격을 했습니다. 그때 군인들이 산청군 오부 쪽에서 넘어왔습니다. 그래 겁이 나서 저는 그 마을 살고 있는 봉재라 카는 사람하고, 한 사람은 기억이 안 납니다만 서이서(셋이서) 총탄이 무서워서 기냥 내려왔습니다. 내려오다가 요 앞에 마을까지 오다가 보니까 군인들이 저 위에서 내려오거든. 총탄이 겁이 나서 요 건너로 산으로 피신을 했습니다.

문철주

시체가 장작처럼 쌓여 있어

군인들 낌새가 이상해서 상황으로 피신

그래가지고 그 쪽에 가 서이서(셋이서) 숨어 가지고 있으니까, 어디선지 군인들이 왔어요. 와가지고 총을 가만히 드는 기라. 이 새끼들 어데가느냐꼬. 그래 서이가(셋이) 손들었어요. 그리곤 인자 울로(위로) 올라가니까, 그때 군인들이 아침밥을, 김밥을 묵고 있드만. 그래서 이제 정중하게 다가갔어요. "우리는 아무 죄도 없고, 살리주십쇼" 하니까 "이 새끼, 젊은 놈의 새끼들이 뭐 하러 이까지 와?" 하고…. 그래 "총탄이 무서워 왔는데…." 하니까 "빨리 가라. 돌아가라."

그래 돌아가는 도중에 매매깍이라고 있는데, 거 가는 요만한 소로(小路)에 그때 한 40대 되는 남자가 총탄을 맞아가지고 거서 누워 있는 기라. 그래 그 옆에 보니까 마흔 다섯살쯤 됐는가, 여섯 살쯤 됐는가, 애가 우리를 보고 "우리 아부지 좀 살리 달라" 이캐. 총탄을 요 맞아 가지고 입에 거품이 나와 있드라꼬. 그래 할 수 없어서 그 어른을 저희들이

교대로 등에 업고 고 마을에 갔으요. 마을에 가니까 자기 집도 있더만
요. 그때 마루에 눕히 놓고, 그래 우리 집으로 가니까 (집들이) 끼리끼리
불타가 있고(불에 타버렸고). 거의 다 타뿌렸으요. 그냥 이제 할머니만 혼
자서 통곡을 하고 계셨고, 작은 아부지도 인자 통곡을 하고 계신 기지.

고마 할머이가 하시는 말씀이 "군인들이 하는 행위가 아무래도 위험
하니까 여기 있다가는 느그 아무래도 다 죽겠다." 나하고 삼촌하고 또
숙모하고 내 사촌 여동생이 그때 태어나 가지고 있었는데, 네 사람은
그날 밤 심야를 기해 가지고 상황으로 도주를 했습니다. 도주해 가지
고 상황 장미리에 가서, 그 짝으로 피신해 가지고 살았습니다.

통조림마냥 엉켜서 누군지 구분이 안가

살았는데, 한 3일 있다가 삼촌하고 둘이서 가니까, 유족들이 모여 가
지고 통곡을 하고 있드라꼬요. '왜 그러냐?' 물으니까 '있는 사람 다
죽었다' 이거라요. 이제 군인들이 딱 경비를 서 가 있고 하니까 넘어오
지는 못하고, 그래 도로 돌아갔습니다.

돌아와서 한 10일쯤 있다가 군인들이 인자 허용을 해서 할머니 시체
찾을라꼬 현장에 갔으요. 그래 작은아버지하고 저하고 둘이서 그래
지게를 짊어지고 그래 박산골에 한 50m 접근하니까, 그때, 마 아침 9시
쯤 됐습니다. 까마귀 떼가 마 하늘을 '확' 하니 돌더라고요. 이런 변이
어디 있냐 하고 지게를 벗어 놓고 현장에 갔습니다. 가니까 새카마이
탄 내(탄 냄새)가 나. 머리카락은 다 탔고, 또 눈은 까마귀들이 다 빼먹

어뿔고 없고.

　그래도 할머이를 찾을 욕심으로 고 현장까지 내려갔으요. 내려가
지고 보니까 한 30대 돼 보이는 어떤 부인은 애를 딱 안고 이래 죽어 있
고, 또 어떤 남자는 보니까 장딴지는 살이 다 타삐고 뼈만 남아 있고,
누가 누군지 도저히 구분이 안돼요. 그래서 작은아버지하고 저하고 둘
이서 통곡을 하면서 할머이 시체 찾을라꼬 (시체) 한 여남은 구를 디비
봤습니다(뒤져봤습니다). 디비보니까(뒤져보니까) 한참 밑에 보니까 바짝
통조림이 돼가 있으요. 겹겹이 돼 있는데. 그래서 도저히 몬 찾는다. 찾기
는 어렵고 하니까 포기하고 돌아가자꼬 그랬으요.

　그래 돌아오는데, 누가 오드만요. 지금 그 사람 이름이 기억이 잘 안
납니다마는 그래 저희들이 이제 설명을 했지요. "가봐야 못 찾으니까
도로 돌아가자." 그래서 도로 돌아왔습니다.

　돌아오는데, 식량이 여게(배개마을에) 있기 때문에 또 심야를 기해 가
지고 작은아버지하고 저하고 밭에다가 식량을 좀 묻어놓은 거를 지게
를 지고 넘어왔으요. 지는 우에 이짝으로 얹고, 작은아버지는 나락을
한 가마니 짊어지고 밤 11시쯤 돼 도착해 가지고 동네 밖에 한 200m 나
가니까 총소리가 나는 기라. 그때 마을 뒤에 회계라고 있는데, 거게 군
인들이 주둔하고 있었던 모양이죠? 그래 그 어린 나이에 나락은 한 가
마니 짊어지고 한번도 안 쉬고 넘어 갔어요. 그래 저는 반쯤 탄 나락을
짊어지고 가가지고 식량을 하고….

　그래 가지고 5월달쯤 돼서 군인들이 와서는 농사를 짓도록 허용을
해 줬어. 그래 저하고 작은아버지하고 숙모하고 넘어와가지고 산에 가
서 나무를 베어 와가지고 전에 살던 집 우에다가 지붕을 만들고, 이래

가지고, 농사를 지었습니다.

경찰 역임하고 유족회 회장 맡아

그래 2~3년 있다가, 그 당시에는 풍년이 들어서 온 고을이 잘 됐으요. 묵고 살기는 뭐 별로 어렵지 않게 살았습니다마는 그러다가 제가 스무살 때부터 목수 일을 좀 했습니다. 대문 일을 해가지고 고향에서 한 집을 한 대여섯채 지어 가지고 거 번 돈 가지고 그래가 산청으로 나갔습니다. 단독으로 내 혼자서…. 그래 거 가서 인자 중학교 입학하고…. 저는 스물 두살에 중학교 1학년에 입학했습니다. 그래 2학년까지 마치고 3학년에 진학할 낀데, 나이가 많아서 안하고, 더 공부는 해야 되겠고, 그래가 인자 고학 생활을 해 가면서, 장평농업고등학교에 시험 치가지고 합격했습니다.

그래서 고등학교에 입학을 해 가지고 고학 생활을 했습니다. 그래가 도저히 혼자 힘으로 학교에 댕기도(다녀도) 돈도 없고 해서 2학년에 중퇴하고 말았습니다. 그래 결혼해 가지고 63년도에 경찰에 들어와 가지고 31년간 경찰공무원 생활을 하다가 퇴직을 했습니다. 그래 저는 2000, 2001년도에 지금 회장님이 그때 총무하고 제가 인자 유족회 회장을 맡아 가지고 2년간 회장직을 보면서 서울에도 마이(많이) 다니고…. 국회, 사법부, 입법부, 행정부에 다니면서 거창사건 너무 억울하니까, 좀 우리 살아남은 유족들 좀 보상을 해 달라꼬…. 2000년도에 보상특별법을 국회에다가 상정을 해 놓고 있는 그런 상태입니다.

시체가 장작처럼 쌓여 있어

산청으로는 언제 가셨어요?

먼저 말씀드린 바와 같이 제가 목수일 좀 배와가지고 돈 좀 모았기 때문에, 나도 좀 배워야 되겠다고 해서 집안 어른한테 한문을 조금 배왔습니다. 명심보감 한 반쯤 외우다가 된통 어렵고 해서 때려치우고, 그래 인자 돈 좀 모아 가지고 늦게나마 스물 두살에 인자 중학교, 사립학교에 입학해 가지고, 고등학교 중퇴하고 말았지만요.

우리 장인어른이 인자 일본에서 2차 대전 때 오사카에서 상업전문대학 나오고 해가지고 멀리 장개를 오서가지고 산청에 살고 있습니다. 그래서 밥 먹을 데가 없어서 장인한테 가서 사정을 했지요. "밥이나 믹이주면은 내 혼자 벌어가 공부할 테니까 밥만 멕여주십쇼" 하고. 그라면서도 또 농사일도 마이(많이) 하고 그랬어요, 제가요.

농사도 지어 주고 그 가서도 집도 한 대여섯 채 짓고 해서 돈 좀 마이(많이) 모았어요. 모아 가지고 2학년 1학기 마치고 나니께 더 의욕이 안 납니다. 부모도 일본에 계시제. 그래서 고마 휴학계 내고 말았어요.

부모님이 일본에 계시나요?

현재 일본에 5명이나 있습니다. 누님하고 저하고 둘이 한국에 나왔고, 할머니가 51년도 2월 11일날 박산골에서 돌아가셨어요.

박산골에서 돌아가셨는지는 어떻게 압니까?

그때 작은아버지가 살아 계셨거든요. 매장할 때나 이장할 때나 삼촌이 참관을 했어요. 탄량골에서는 시체를 다 찾았거든요. 여(탄량골에) 안 계시니까 거서(박산골에서) 돌아가신 게 분명하다, 이렇게 보는 겁니다.

사건 나고 열흘 뒤에 지게를 지고 박산골 근처에 갔을 때 상황이 어땠나요?

시체가 장작처럼 쌓여 있었습니다. 골짜기니까 요쪽은 경사가 아주 심하고, 요쪽은 야산들이 좀 낮고…. 그 총 쏜데 가니까 탄피가 있는데, 거에도 기관총 차려 놓고 집중사격을 했단 이야기를 들었습니다.

군인들이 2월 10일날 사람들을 죽이려고 몰고 나가고 하는 건 못 보셨죠?

못 봤지요. 인자 불 지른 날, 제가 그날 새벽에 도주했습니다. 그러니까 2월 9일~10일날 미리 피난을 갔어요.

와룡리, 대현리에서 남아있는 사람들은 일단 다 소개시킨다꼬 군인들이 강제로 몰아내면서 해가 저무니까 노약자라든지 걸음 잘 못 걷는 사람들은 탄량골에서 총살해뿌리고, 나머지는 신원초등학교에다가 강제로 수용을 해 가지고 밤새도록 문 잠가 놓고 있다가 11일날 아침에 지서 주임하고 군인들하고 해가지고 군인 가족, 경찰 가족은 들어내고 그래서 박산골로 바로 내리 온 거죠. 그때 우리 할머니가 죽었는데, 이름은 송상희이고, 진갑 연세여서 62세였다고 봐야 합니다.

피난해 있는데, 신원 사람 다 죽였다는 얘기를 들었다고 하셨잖아요?

그때 상황으로 피난 갔던 사람이 상당히 수많았습니다. 물론 뭐 합천이라든지, 거창으로 간 사람도 있겠지마는, 거의가 다 상황으로 마이(많이) 갔으요. 오부에는 간 사람이 없습니다. 오부에는 그 당시에 빨치산들이 장악하고 있었기 때문에….

피난해 있으면서 거 산에 가서 나무 마이(많이) 해가지고 밥이나 해묵고, 외출도 하는 것도 없고, 밤 되면 자고, 그래가 있다가 5월말이나 6월 초쯤 돼가(되어서) 돌아왔을 겁니다.

그때는 이미 거창사건이 신문에도 막 나고 할 때였죠?

네, 그렇죠. 당시 저는 몰랐지만 사회에 나가 있는 어른들한테 국회 조사단에 있는 신중목 씨가 국회에서 '거창 이런 데서 양민대학살 사건이 일어났다'고 했다고 얘기를 들었습니다.

그리고 4·19 때는 여기 안 계셨습니까?

그때 저는 군에 있었습니다.

그러면 4·19 이후의 상황에 대해 잘 모르시겠군요. 그러고 보면, 한 2000년 이전까지 거창사건에 별로 관여를 안 하셨습니까?

예. 현직에 있었기 때문에 안했습니다. 그 당시에 인제 삼촌이 살아 있었고, 또 저는 일개 경찰로 있었기 때문에. 경남 경찰국에도 근무하고, 산청서에도 근무하고, 또 올 시간도 없었습니다. 온다 해도….

거창사건은 국가 위기의 시작

거창사건 이야기가 나오면 저는 이렇게 주장을 합니다. 거창사건이
나고 난 후부터는 여러가지 사건이 전국에서 발생을 했거든요. 거창사
건이 그 당시 발생하고 나서 고등군법회의 재판까지 받았는데, 그 당시
정부가 응분의 보상을 해 줘 가지고 유족들을 위로를 해줬으면 부마사
태, 5·18이 안 일어났습니다. 나는 이렇게 주장합니다. 유족들을 너무
탄압하지 않았느냐. 유족들에게 그때 보상을 해 주고 위안을 해 줬으
면은 국민이 보는 시각이 '인자 이 위기가 쪼끔 잽히(잡혀) 가는구나, 괜
찮게 돼 가는구나.' 이랬으면은 부마 사태가 일어나고,
광주사태가 일어나고, 이러지는 않았을 건데,
이런 이야기를 마이(많이) 합니다.

저는 김용재라고 하고 지금 79세, 을축년생입니다. 25년생이고…. 먼저 우리 어무이가 죽은 얘기를 할께요. 그러니께 박산 사건 나던 초엿샛날 같아요. 음력으로…. 학살된 고 이튿날 함양서(에서) 있으니까네 연락이 왔어요. 가족이 희생됐다꼬. 그래서 인자 저가 (집으로) 왔어요. 왔는데 그때는 이미 큰 부대는 다 이동해삐리고 일개 중대만 있었어요. 아부지하고 나하고 삼촌하고 거서(거기서) 우리 어무이가 희생당했다꼬 하는데, 시체를 못 찾았어요. 우리 어무이는 (키가) 5척 서(셋)인가 그런데….

김
용
재

나도 경찰인데 우리 어무이를

어딜 가나 순전히 경찰 가족이라 한다

우리 어무이가 초닷샛날인가, 박산서(에서) 한 날(군인들이 사람들을 죽인 날)하루 앞날이요. 소를 몰고 오다가 어떤 군인 한 분을 만났어. 만났는데, '소를 내 돌라꼬' 카더랑께. 그때 어무이가 인자 소를 안 준다꼬, 막 거부를 하니께네, 인자 옥신각신 실강이가 났어. 그때 아부지도 도착허고, 긍께 인자 그 사병하고는 얘기가 안되니께 아부지가 좀더 계급이 높은 사람들이 좀 나슬까(나을까) 싶어서 갔다 왔는데, 뒤에 총소리가 났던 모양인데, 오데서 어떻게 희생됐는고, 시체를 못 찾는 기라요. 그때 우리 아(아들)도 현재 경찰에 있으니까네, 그저 용서를 빌었다고 해. 고마 '거짓말을 칸다' 카대. 어델 가니까네 순전히 경찰 가족이라 칸다고….

나도 인자 그 뒤에 초이렛날 왔제, 이렛날 와 가지고 어무이 시체를 암만 찾아도 도저히 찾지를 못해요. 그래서 혹시나 싶어서 박산에 있을까 싶어서 함(한번) 건너가보자 해서 서이(셋이) 갔었습니다. 가니께네 말하자면 우에다가 기름 가지고 꼬실라놓으니께네(그슬려놓으니까) 온 전체가 새카마이 숯처럼 되어있었어요. 마 그런 광경 보고…. 그 당시에 저가 어머니를 못 찾았어요.

한 일주일쯤 있으니까 연락이 왔어요. 시체를 찾았다꼬…. 근데 어머니 산소가 박산, 그 짝에서(쪽에서) 멀지 않은 기라. 그 당시에 빈 집이 있었어요. 그때 화장을 해 가지고 가마니로 덮어놨더랍니다. 네, 그렇지요.

군인이 박산 입구를 막고 있었습니까?

군인들은 없었고, 아무도 없었어요. 인자 먼 데 경비초소가 있었는데, 고함을 질러쌌데. '가지 마라' 캐싸니까 '허가 받고 간다' 일캤어요. 그날이 참 추운 날이거든요. 냄새는 하나도 나도 안나고 똑 그 사람 같이 안 비이요(보여요). 전체가 새카마이 머리도 똑 아들(아기들) 중대가리처럼 말이지. 이기 안가(아인가), 어른인가, 이해를 몬할 정도로 돼 버렸어요. 그래놓으니까 사람이 쪼매나이 그리 보이데요. 그래서 마 그냥 돌아섰어요. 작은아버지는 이리이리 해 보자, 캐쌌트만 내가 "이거 그래가지고 찾을 문제가 아니라꼬."

그 며칠 후에 (시체를) 찾았다고 이래 연락이 왔어요. 내가 가보고도 못하고 바로 고 옆 산에다 임시매장했다가 지금은 딴 데로 옮겼지요.

군인이 사람 죽일 줄은 우리 경찰도 몰랐어요

그 당시에 함양에서 경찰을 하고 계셨습니까?

함양 경찰서 유림서 순경을 하고 있었어요.

함양 유림에서 2월 7일날 사람들이 죽지 않았던가요?

거창하고 같은 날인가, 몰라. 하루 앞인가 그래요. 그때 군인들을 만났지. 그때 우리가 애당초 일이 있었거든. 군인들이 말이죠. 그저 계몽활동한다꼬 민간인을 소개(疏開)해돌라꼬 해요. 그래서 우린 그런 줄 알고, 소개하고 그랬거든요. (사람들을) 거 모아놓더니 그만 총을 들이대는 기라. 그 당시에 우리 경찰들은 말렸어요. 그때 그 지역 경찰서장이 송호상인데, 말려가지고 대대장한테 마이 뚜들기 맞았어요. "니가 머 안다꼬?" 이래 가지고 마이(많이) 뚜들겨 맞았십니다.

인자 장소는 함양 유림이라도 바로 음천강이 있어 가지고 바로 산청

금서면이라. 근데 희생된 사람이 숫자가 한 50명 정도뻔이(정도밖에) 안 됐어요. 나는 그렇게밖에 안 봤습니다. 고(거기) 지서 근무했으니까 내 봤지. 그 당시에 송호상이라는 사람이 '군인 가족은 다 나오라', 이래 되었거든요. 근데 눈치 빠른 사람은 나오고, 나온 사람은 나왔어요. 현지에 살아나온 사람도 있었어요. 그 앞에 또 방곡이라고 있어요. 거서(거기서) 좀 학살했다는 말도 있고, 우린 거는(거기는) 안 가봤으니까네.

(군인들이) 그리(거창으로) 갔던 건 몰라. 그 뒤에 갔던 걸 알았지. 그 당시에는 그 부대가 어디로 갔는지는 몰랐지요. 모르는데, 음력 초이렛날 저에게 연락이 왔어요. 그때 그 노인이, 이미 자수했지만, 그 사람이 탈영한 사람이라요. 그 사람이 나한테 연락을 해주고 그랬어요. 거창서 막 사람들 학살을 마이 했다, 신원 사람 다 죽었다…. 그래서 제가 서장한테 사전에 연락할 시간도 없고 해서 얼른 가본 기라요. 그때만 해도 우리 어머니가 희생당했다는 건 모르고 갔어요. 가니께 그리 돼 있더란 기라요.

그때 당시가 초이레 됐을 기에요(거예요). 사건 난 하룬가 이틀 뒤이니께네. 아마 12시 좀 넘었는가 모르겠어요. 아무리 찾아도 못 찾으니까네, 행여나 (박산) 거(거기) 있는가 싶어서 간 기라에.

우리 아부지하고 삼촌하고 서이(셋이) 딱 갔어. 그때 인자 말하자면 일반 사람들은 완전히 통제, 금지되고 있었는데, 그때 내가 중대장한테 이야기했거든요. 중대장은 그때 학교 사택에 있었어요. "어머니 시체를 못 찾는데, 좀 찾도록 해 돌라(달라)" 하니까 가 보라꼬 카데요. 그때 허가 없이는 못 갔어요. 그때 일개 중대가 있었어요. 다 모두 철수해삐리고(철수해버리고)….

경찰도 모르게 군대가 투입

그럼, 함양 유림 쪽은 좀 안전했습니까? 빨치산들과 교전도 하고 그랬나
요?

말하자면 접전 지역이었지요. 자주 교전도 하고 그랬어요. 우리가
습격도 당하고 그랬어요. 바로 그 사람들이 점령하고 있었으니께니.
그 사람들이 자주 출몰을 허고 식량도 약탈해 가고, 거긴 막 그랬어요.

유림에는 하촌이라는 동네가 면 소재진데, 거서(거기서) 인자 포가 날
라와가지고 도저히 거기 못 있어. 쪼끔, 한 10미터 떨어진 곳으로 이동
했어요. 지서를 비아놓고(비워놓고) 일단 후퇴했었어요, 우리가. 그러니
께 그 사람들이 고마 점령을 해 삐리고…. 머 그때 거서 빨갱이를 마이
잡았어요.

그 빨갱이는 주민이 아니고, 진짜 빨갱이입니까?

아마도 지방에서 도피한 사람도 있고 여러가지 있지. 그때, 순수 인
민군은 거의 없었어요. 인민군이라꼬 하는 거는 그때 다 올라가삐리
고…. 각지에서 집합한 지방 출신이라. 순전히 정규 인민군은 그때 이
미 다 가삐맀어요.

그때 2월 4일부터 2월 8일까지 국군이 대거 투입됐는데….

그 날도 군인이 불의에 딱 와 가지고, 일개 사단이 마 투입되었어요.
우리는 사전에 아무 것도 몰랐어요. 내 듣기는 2개 사단이 투입했다 하

데요. 2월 4일 이전에는 군인들이 없었고…. 불의에 탁 왔어요.

총이 부족해 일제 구식총으로 무장

국군이 대거 투입되기 전에는 유림 지서에 경찰이 몇 명이나 있었어요?

한 100명? 경찰이 100명이 아니고, 저, 향토방위대라 캤나, 방위대를 갖다 막 조직하거든요. 그런 사람들이 한 100명이 있어, 근무했어요. 경찰은 한 열대여섯, 되고…. 그래 우리하고 그 사람들하고 경비도 서고, 교전도 했어요. 무기도 M1, 칼빈, 이런 거는 없고 대개 일제 때 구식총, 또 인민군이 내삐리고 간 땅콩총, 그런 걸로 무장하고 그랬어요. 100명이란 사람을 무기 줄라고 하니까, 정식 무기가 다 공급 안 되거든요. M1, 칼빈 같은 거는 있었긴 있어도 드물어서 그러죠. 그때 밥은 다 정부에서 배급을 줘요.

그럼 정부 쪽하고 유림 지서하고 연결되는 길은 빨치산들이 장악하지 못한 겁니까?

그르니께, 마이(많이) 위험했지요. 그때 함양서장이 순찰 돌다가 지뢰가 폭발돼 가지고 부상당하기기도 했거든요. 그때 서장이 김석관이라 캤나? 그때 민경위라고 있었는데, 그 사람이 이북 출신인데, 그 사람은 그 자리에서 죽었고…. 긍께 항상 서하고 지서하고 (통하는) 통로가 참 위험했지.

위험하기는 한데, 가끔 습격도 당하고 하면서도 통로 자체는 유지가 된 거지요?

네, 그렇지요. 아마도 지리상 제일 가까우니께네 아무래도 좀 출몰이 심했어요. 그때 그 사람들이 어디 주둔했는가는 알 수 없지. 그때 그 사람들 이동 지역이 위장됐으니까네 모르는 기죠.

그러면 거창사건 나고 난 뒤에 유림, 이런 쪽에 공비들의 습격이나 공격이나 그런 게 있었습니까?

네. 그 후엔 별로 없었어요.

그러면 군인들은 '그거 봐라. 우리 작전이 성공해서 이제 별로 안 나타나지 않느냐' ….

그렇죠. 대대적으로 소탕하고 나서는 공비가 마이(많이) 없어졌어요. 그땐 포로도 많이 잡고, 지서도 원래 있었던 곳으로 복귀하고, 그때 그 당시엔 그랬을 기라. 그 쪽에서는 호강을 봤어요. 민간인 마이 죽었다 이거지, 마이(공비를) 소탕하기는 했으니께….

유림 쪽에서도 집을 다 불태우고 그랬어요?

그쪽에서는 집 태운 건 없었어요.

그럼 유림에서도 오전에 사람들을 그냥 다 죽여버렸고….

네. 그때도 군인 가족, 경찰 가족 나오라 캐가지고, 살아남은 사람도 많아.

그 뒤에 경찰 생활을 언제까지 하셨습니까?

58년도까지 했어요. 제가 48년부터 와 가지고…. 유림 있다가 또 보성 근무하고, 마 여러 군데 있었지.

저는 이철수라고 합니다. 거창사건은 1951년 2월 9일에 사건이 발생했습니다. 발생하기 3일 전쯤에, 그 당시 음력 그믐날입니다. 그러니까 설을 맞이하여 객지에 나가 있거나 뿔뿔이 흩어져 있던 실향민들도 와서 동리가 그야말로 축제분위기였습니다. 그 당시에 눈이 상당히 많이 오고요.

아침에 9시 반쯤 되었을 겁니다. 그 당시 친구들끼리도 자주 어울렸습니다. 우리 집이 동리에서 첫 집이에요. 우리 집 앞에 공터가 하나 있는데, 동네 앞에서 세수를 하고 나왔는데, 눈이 펄펄 날리는데, 난데없이 군인들이 짐을 지고 일렬로 해서 들어와요. 그 당시에 신기하기도 하고 그래서 친구들한테 "군인 들어온다, 혹시 공비 오는 거 아니냐" 해서 쭉 나왔어요.

이
철
수

사건 진상이 알려지기까지의 숨은 이야기들

명절 음식까지 풀어 군인 대접

제가 맨 앞장서서 군인들에게 접근하고, 군인들 들고 오는 것도 무겁고 해서, 우리가 (짐을) 들어줬어요. 군인들도 우리를 반갑게 맞아주고 했어요. 그때 중사급인가 맨 앞상을 서서 들어왔는데, 그 당시에 상사인 걸로 기억합니다. 그 양반이 저한테 "고맙다. 이거 좀 들고 가자." 내가 (짐을 들어주고) 그러니까, 다른 애들도 저랑 똑같이 도와주고 그랬습니다.

그러니까 군인들이 상당히 반가워하고 그랬어요. 우리 집 마당 끝에서 박수를 치고 그랬습니다. 군인들도 흐뭇해하고 그랬어요. 그때 눈이 덜 왔어요. 군인들이 공비토벌을 하는 작전을 하고 있다는 것을 그때 알았습니다. 지리산을 목표로 해서 진격을 한다는 겁니다. 그때 군인들 정확한 숫자는 모르지만 상당히 많았습니다. 한 200명 정도 되나?

그때 시골 마을이 30집 정도 되었는데, 우리 집이 마을 첫집이니까 군인들이 우리 집에 제일 많이 들어왔어요. 눈이 있었는데, (눈을) 쓸고 마당에 짐을 풀고, 내일 제사지낼 음식을 조금도 가감 없이 있는 대로 다 내놨습니다. 국을 끓이고 밥을 하니까, 그 시간이 한 시간 반 정도 되었을 겁니다. 우리 주민이 군에 대하여 할 수 있는 지원을 다했다고 확신합니다. 우리 집뿐만이 아니고, 온 동네 주민이 환영하고 대접을 했습니다.

중위인가 하고, 한 분이 중사하고, 완장찬 사람하고, 세 사람이, 우리 옆에 이복덕이라고 사촌형님이 살았는데, 그때 나이가 한 45세 정도 되었을 겁니다. 우리 형님을 보고 동네 청년이 몇 명인가 질문을 했습니다. "외지에 머슴 살던 사람도 들어오고 그런데, 정확히 모르지만 꽤 된다"고 했습니다. 그러다가 이장이 들어와서 얘기를 했는데, (저는) 그때 (얘기 내용을) 못 들었습니다.

군장비를 운반해줄 사람을 모았는데, 30명 정도가 자진해서 모였습니다. 저 자신도 재미도 있고, 국군이 믿음직스럽고, 군이라는 존재가 멋있어보였는데, 한 20명 정도로 사람을 가렸습니다. (저한테) "너는 공부해. 오지마"라고 했습니다. 그 사람이 바로 우리 집에서 음식을 주고 한 상사입니다. "저도 가겠습니다." "니는 오지마, 어른들도 많은데…" (그래서) 저는 빠지고, 사촌형님을 비롯하여 20여 명이 갔습니다.

군 장비가 지금 생각해보니까 무거웠습니다. 군 장비를 우리 동민들이 지고 군인들과 같이 작전에 참여했습니다. 그때가 11시쯤 되었습니다. 우리 군과 주민들 간에는 불행한 일이 있기 전에는 좋았다는 겁니다.

어린 남동생 안 데리고 간 게 평생 후회

그 날 오후 여섯 시쯤 되었을 겁니다. 안 들리던 총소리가 나는 겁니다. 그때 어머니가 부르더니 "전투하는 거 아이가, 괜찮나?" 저는 "전투하면 계속해서 (총소리가) 날 텐데 가끔씩 나고 하니까 전투가 아닐 겁니다" 했죠. 그때 청년들도 가고 그랬으니까 걱정을 하고 그랬죠.

다음날 아침에 총소리가 조금 나는 겁니다. 그래서 짐 지고 갔던 사람들 걱정하고 그랬습니다. 총소리가 8km 정도 먼 데서 나는 소리였습니다. 그래서 그날 초하룻날, 일부는 군 지원을 가서 없는 상태여서 (남은 사람들끼리) 그냥 제사를 모시고, 시골에서는 풍습이 설날에 집안 어른들한테 세배를 하고, 다음날은 동네 어른들한테 세배를 했습니다. 그래서 저도 집안 어른들한테 세배를 했습니다. 시골에서는 큰집, 작은집으로 가면서 제사를 지내는 것이 통례입니다.

동네 친구들은 끼리끼리 모여서 그날 저녁에 놀기도 하고, 그래서 밤잠을 안자고 밤새 놀았습니다. 이튿날 동네 다니면서 세배를 다 했습니다. 3일날이 되었는데, 그때까지 일부 짐 지고 갔던 사람이 오고, 안 온 사람도 있었어요. 4km 전방에 갔다가 돌아온 사람, 지리산까지 접근한 사람도 있고 했습니다. 3일까지 안 돌아온 사람이 34명이 있었습니다.

군인들도 친절했다는 얘기도 들었습니다. 음력 3일날, 비로소 동리에서 청년들이 꽹과리를 치고 노는데, 우리는 그거는 없었어요. 눈이 퍼붓고 할 때인데, 집에 모여서 장난을 치고 놀고 있는데, 해가 다 되어

갈 때 갑작스레 어머니가 오시더니 꾸중을 하면서 놀기만 하냐고, 외삼촌이 6km 전방에 있는데 세배갈 생각을 안 하냐 (어머니한테) 꾸지람을 들었습니다.

그래 집에 가서 버선을 갈아 신고, 아버님이 "눈이 퍼붓는데 갈 수 있겠느냐?" 그랬습니다. 제가 동네를 나가니까, 제가 없으면 재미가 없거든요. 가라, 가지마라, 친구들이 패가 갈렸어요.

지금도 후회스러운 일이 하나 있습니다. 그때 아홉 살 먹은 남동생이 하나 있었습니다. 내가 세배하러 가니까 아홉 살짜리가 어떻게든 따라가려고 하는 겁니다. 어머니가 "눈이 많이 오고 해서 못 간다" 하니까 옷을 붙들고 놔주질 않는 거예요. 그래서 내가 "어머니 안 보일 때 가자." 미끄럼 방지를 위해 신발에 새끼를 감는 사이에 어머니가 오는 거예요. 내 동생을 보고 "가지마라. 이거 먹고 가지마라. 어머니랑 같이 자자." 그러니까 울음이 그쳤어요. 그 실갱이를 한 30분 정도 하니까 어두워졌어요.

그래 외갓집을 가니까 깜깜해졌어요. 그때 7시쯤 되었는데 어둑어둑했어요. 그때 외삼촌이 고함을 치면서 "내일 오면 되는데 뭐 이렇게 늦게 오냐"고 했습니다. 우리 어머니가 둘이에요. 두 집 중에 한 집 외갓집입니다. (그런데, 저한테는) 친외갓집이 아니에요.

그 동리가 김동영 (전 국회의원) 동네입니다. 거기가 바로 대산리입니다. 그 동영이가 어릴 적에 상당히 리더십이 있었어요. 그 눈이 오고 추운데도 동리 앞에 애들 20~30명 모아가지고, 김동영이 집에서 밤새도록 놀았습니다. 새벽녘에 외숙모가 와서 "버선도 갈아신고 집에 와서 자라" 해서 4일날 아침 8시 반쯤해서 아침을 먹었습니다.

여동생만 간신히 살아

그날 생각해보니까 꾸중을 들을 일이 하나 있어요. 김동영 집에서 놀았는데, 김동영이 할아버지한테 세배를 안 한 거예요. 그래 가서 밖에서 세배를 했는데, 밖에서 하는 게 어디 있냐고, 동영이 어머니가 그러고, 떡국 먹고 가라고 해서 떡국을 먹는데, (그때가) 10시 30분 정도였어요. 그런데 동네에 벙어리가 있는데, 떡국을 먹는데, 손시늉을 하면서 땅바닥을 치면서 다 죽었다는 시늉을 하는 거예요. (그러니까) 동영이 어머니가 "무슨 일이 있나보다" 그런 거예요.

그래서 외갓집에 와서 "집에 무슨 일이 있는 거 같습니다, 우리 동네에서 얼마 전에 총소리가 많이 났다고 합디다." 그리고 옷 입은 그대로 뛰어서 중간쯤 오니까 눈이 엄청 많이 왔던 겁니다. 연수골이라고 있는데, 거기 중간쯤 오니까 사람들이 (짐을) 이고 지고 내려오는 거예요. 그래 (어머니, 아버지 어떻게 됐냐고) 물으니까 "느그 어머니, 아버지 못 봤다"는 거예요. "다른 사람들 어떻습니까?" 하니까 "다 죽었다"는 거예요. "왜 사람들이 죽었느냐"고 물으니까 "모른다"는 거예요. "온 동네 불 다 지르고, 사람들 다 죽었다"는 거예요.

우리 집 옆에서 사는 한 분이 "올라가면 죽는다, 그리고 군인들이 내려온다. 느그 어머니, 아버지도…." 하면서 말을 잇지를 못해요. 죽었다, 올라가지 말라는 겁니다. 저 위에 보니까 군복 입은 군인들이 내려오는 것 같아요. 그래서 바위 옆에 엎드려서 가만히 보니까 군인은 얼마 안되고, 지역 경찰들이 많은 겁니다. 보니까 소를 많이 데리고 오더라고요. 어머니 죽었다니까 그때부터 떨리는 거예요. 그래서 한 시간 쯤 기다리고 있다가 올라가니까 또 경찰 지원부대들이 군인들하고 내려오는 겁니다.

그래서 우리 동리에 도착했을 때가 2시 30분쯤 되었을 겁니다. 동네 1km 전방에 올라가니까 불꽃이 올라가는 걸 보이고, 동네가 불타는 소리가 다 들려요. 그러니까 부락에서 다른 사람은 다 내려가는데, 유일하게 나만 현장으로 올라가는 겁니다. 그래 도착을 해보니까, 바로 내가 올라가는 방향으로 바람이 부니까 접근을 못하겠어요. 그래서 우회를 하니까 일개 골짜기에 온 동리가 다 타니까 접근을 못해요. 그걸 보고 정신을 잃었습니다.

우리 집이 (동리에서) 첫집인데, 한 50m까지 접근을 했는데, 그 옆에 동산이 하나 있어서 거기까지 가서 어머니, 아버지를 한참 불렀어요. 어디서 죽었는지 모르니까 계속 부르고 있는데, 들릴 듯 말 듯한 소리가 들려서 계속 불렀어요. 분명히 '오빠' 하는 소리가 들렸어요. 그래서 소리가 어디서 나는지도 모르고 뒤돌아보니까 내 여동생이 있는데, 내 목소리를 듣고 숨어 있다가 나와가지고 이쪽으로 오는 겁니다. 오는데 보니까 온몸이 피예요. '오빠' 하고 부르는데, 가서 보니까 이미 피는 말랐고, 머리를 두 갈래로 땋았는데, "난 다쳤지만 괜찮아. 어머니 아버지는 다 죽었다. 온 식구 다 죽었다" 이거야. "어디서 죽었냐?" 하니까 지도 말 못하고 나도 말 못하고….

어미 잃은 어린 송아지가 뒤를 졸졸

동네 앞 논두렁에 가니까 사람 죽은 데는 새까매요. 그 죽은 어머니, 아버지를 가마니로 덮어 놨어요. 근데 애기 울음소리가 들려요. 어디서 우는 소리인지 알아야 될텐데…. 뭐 목 달아난 거, 팔 달아난 것, 사람들 사지가 다 찢어진 거예요. 사람들이 널브러져 있어서 사람의 형태가 아니에요. 그래서 동생하고 시체 피 묻은 거를 디비보니까 (애기가) 바로 우리 사촌형수 등에서 울어요. 그래서 애를 빼니까 애가 피를 젖인 줄 알고 빨면서 기적적으로 살아난 거요. 내 옷도 눈에 젖었는데도 내 품속에다가 감싸고….

그때사 어머니, 아버지를 가마니로 덮어놓은 걸 보니까 우리 아버지는 형태를 알아 볼 수도 없고, 어머니는 형태가 있고…. (여동생한테) "니는 어떻게 살았냐?" 하니까 "어머니가 (총을 맞고) 넘어졌는데, 어머니 밑에서 눈을 감고 가만있었더니 살았다"는 거예요. 네 명인가 살아났는데, 내동 쪽 애가 있어요. 김운섭이랑 한동갑인가 그런데 "내동 쪽 애가 하나 살아 울고 갔고, 또 한 애가 부상을 입고 어디로 간지 모르고, 한 사람은 지금 부상을 해서 나랑 같이 헛간 집에 있다." 이거예요. 애는 자꾸 울지요. 우니까 눈까지 다 피로 물들어버렸어요.

형수하고 어머니하고는 다른 시체하고는 달리 그렇게 험하게 되지는 않았어요. 그러니까 여동생하고 애는 산거죠. 부상 입었다는 사람을 찾아가니까, 그 분은 연세가 많았어요. 아직 환갑은 안되었고. 그 분은 허벅지를 맞아가지고 산 거고. 우리 동네에서 산 사람이 세 명이예요. 여동생, 애기, 나이 많은 사람, 이렇게 세 명이에요. 내동 사람이 하나인가 둘인가 살아갔다는 거예요.

(군인들이) 확인사살을 했어요. 피가 쏟아지고 사람 살려달라고 소리지르고 있는데, 군인들이 발길로 디벼보고 살아 있으면 확인사살한 거를 똑똑히 봤다는 겁니다.

그리고 동네에 들어오니까 나이 많은 사람이 다쳐서 있어요. 그런데 어디서 내 이름을 불러요. 한 동리인데, 박순유라고 나보다 아홉 살 더 먹은 분이 있었는데, 그 분이 서울에서 학교를 다니다가 설 쇠러 왔을 때입니다. 그 전에 자주 알고 있었고, 그 사람이 어릴 적부터 공부를 잘해서 거창군 내에서 유일하게 서울 가서 공부를 하고 있었어요. 날 그렇게 좋아하고 그랬는데, 그 형이 불러요. 그래서 갔더니 날 보더니 "죽으려고 환장을 했냐? 어딜 올라오냐?" 그래요. 저 때문에 올라왔다는 거예요. 다 피난을 왔는데, 내가 올라갔다는 말을 듣고 그 형이 저를 찾으러 온 겁니다.

그 뒤를 따라 영수라고 저보다 두 살 적습니다. 그 친구가 또 올라오고…. 그래서 세 사람이 만난 거예요. 그래 셋이서 만나가지고 다친 사람은 옆에 뉘어놓고 치료를 하고…. 조금 있으니까 우리 사촌형님이 올라와서 할머니하고 사촌형수하고 한쪽으로 몰아넣고, 형님 옷이 따뜻하니까 애를 안고 오는데, 신기한 게 송아지가 졸졸 따라오는 거야. 누구 송아지인지도 모르겠고. 이 송아지가 따라오는 거예요. 영수라고 우리 후배가 송아지를 끌고 5km 전방까지 내려와 보니까 그때가 밤 11시쯤 되었습니다.

왜 그렇게 잠이 오는지 몰라

송아지를 가지고 오니까 여동생이 "오빠, 우리 소는 군인들이 먹고 갔어." 그래 이제 밤에 11시쯤 되어서 5km 전방에 무촌이라는 동네에 와서 여동생한테 작은집에 가자고 하니까 안 간답니다. 다 흩어졌는데, 둘이서 정자나무 앞에서 부둥켜안고 '외갓집을 갈거냐, 작은집을 갈거냐.' 결국 여동생한테 못 이기고 외갓집으로 갔어요. 외갓집에 외사촌들이 많았어요.

그런데 우리 외갓집은 자형이 경찰관이었거든요. 우리 외사촌형이 군인이었어요. 그러니까 마당에 짚불을 놓고 있었는데, 우리 외숙모가 보니까 여동생이 온 몸이 피고, 나도 무릎 다 까지고 피가 난 겁니다. 그래가지고 방에 들어갔는데, 방에 들어가자마자 콩을 준비해가지고…. 콩에다 언 손을 넣으면 좋거든요. 이제 그때부터는 생각이 하나도 안나는 거예요. 자꾸 잠만 오는 거예요. 자고 나니까 아침이에요. 보니까 여동생 옷에 피가 묻어가지고 방바닥에 피가 흥건하게 고일 지경이었어요.

이튿날 아침에 일어나서 우리 여동생을 보니까 머리에 총이 두 군데 스치고 지나갔고, 옷에 총구멍이 6개 났는데 산 거예요. 전혀 총을 맞지 않고 총탄을 빗긴 건데…. 여동생 옷을 조금 갈아입히고, 4km 정도 떨어진 거창읍에 있는 작은집에 갔어요. 작은집은 그때 빈곤하게 참 못살았어요. 조그마한 골방 하나하고, 방이 두 개 있었는데…. 그래 가니까 실정을 다 알고 하니까 얘기를 듣고자 하는데, 나는 장황하게 애기를 하고 싶지 않고 그런데, 그날 저녁에 왜 그렇게 잠이 오는지 몰라요. 큰일을 겪고 나니까 잠이 왜 그렇게 오는지 몰라요. 이불을 덮고 자는데, 일어나니까 여동생이 "오빠, 아무리 생각해도 욕먹겠다", 이거예요. "작은집 못사는 거 아는데, 양식이 없을 건데, 외갓집으로 가는 게 좋겠다"는 거예요. 그때 잠이 그렇게 오는데, '외갓집으로 간다, 작은집으로 간다' 해서 잠을 잘 못 잤어요. 작은어머니가 사람 다 죽이니까, 겁이 나니까, 짚 속에 들어가서 살아났는데, 그 살아와서 있더구만. 겁이 나서 우리가 온 걸 몰랐다는 거예요. 그래서 미음을 끓여서 주고, 얼어가지고 이틀이 지나도 물이 나와요.

5일날 아침에 작은집에서 일어나서 누이동생 말 듣고 걸어서 외갓집으로 간 거예요. 외삼촌이 사랑방으로 데려가더니 "어떡하면 좋겠냐? 외삼촌이 모든 걸 얘기 다 들었는데, 군인 가족 나오너라, 짐 지고 갔던 사람들 가족들 나오너라, 너희 엄마는 그 똑똑한 게 왜 자기 동생이 군대 가서 둘이나 서이나(셋이나) 있고 그런데, 그것도 말 못하고 죽었는지 도저히 이해가 안된다"는 거예요. 그러지 않아도 우리 자형이 경찰서 형사를 할 때니까 "우리 힘으로도 (군인들을) 도저히 감당을 못했고, 우리 동네를 실제로 그렇게 할 줄은 몰랐다"는 거예요. 우리 동네는 (군인들이) 실제로 대접을 받고 간 데니까 상식적으로도 이해가 안 간다는 겁니다.

부모님 시신, 가랑잎으로 겨우 덮어놔

(이렇게 군인이 사람들을) 제일 먼저 학살한 장소가 바로 청연입니다. 그래 외삼촌이 외사촌형들을 다 부르더니 오늘 당장 올라가서 묻으라는 겁니다. 실제로 친외삼촌이 아니잖아요. 아닌데 사촌형 삼형제를 불러와서 묻으라 이거예요. "묻지 않으면 짐승이 다 물어간다." 그래서 외삼촌이 호통을 쳐가지고 우리 외사촌형 둘하고, 나하고 셋이 시체를 찾으러 올라간 겁니다. 가니까 그대로 있습디다. 밝을 적에 올바른 정신으로 보니까, 개중에는 기어가다 죽은 사람, 목 없는 사람, 팔 없는 사람, 몸뚱아리 전체가 없는 사람, 이튿날 가니까 까마귀가 정말 많았어요.

다행스럽게도 가마니로 덮어놔서 어머니, 아버지를 외사촌형들이 지게로 지고, 남동생은 내가 업고, 지게가 없으니까요. 얼어서 돌덩이에요. 신원 쪽 말고 남산 쪽에 가서 파헤치니까 (땅이) 얼어서 파지지도 않고, 묻다가 못 묻어서 가랑잎 같은 걸 모아가지고 짐승 못 들어오게 한 게, 그게 이제 무덤이에요. 그러는데 사촌형이 올라왔어요. 이제 자기 할머니도 죽고 처도 죽었으니까….

그 사람도 올바른 사람이라서 우리 집이 큰집이니까 다른 사람이 지고 간 줄 알고 찾은 거예요. 그래서 (어머니 아버지를 가랑잎으로) 덮어 놓고 그날 저녁에 내려 왔습니다.

그게 사건 나고 4일이 지난 셈입니다. 외갓집에 하룻밤 자고, 작은집에 하룻밤 자고, 외갓집에 또 하룻밤자고 났으니까…. 다른 사람들은 접근도 못하고 있었어요. 다른 사람들은 올라가면 죽는 줄 알았어요. 그래서 작은집을 갔더니, 작은아버지가 노발대발하면서 "좀 더 있다 가도 되는데, 하늘이 살려준 걸 갔다"고. 사촌형이 "그러지 않았으면 까마귀가 먹었을 겁니다" 해서 일차적으로는 끝났습니다.

이 사실을 당국에 알려라

지금까지가 제가 눈으로 직접 보고 겪은 것이고, 이제 날 구해 주러 온 박순유 얘기입니다. 나보다 딱 아홉 살 더 먹었어요. 동네에 갔더니 박순유라는 형이 피난 방 하나 얻었는데, 거기 들어가 있으면서 노발대 발하더니 "나는 군대간다. 내가 왜 군대 가는지 아느냐? 이 자식들 다 죽여버리겠어. 어머니, 아버지 죽은 걸 그냥 넘기면 안된다. 너는 이 사 실을 당국에 알려라." 그게 출발입니다. 그게 보복하겠다고 결심을 했 다는 얘기고, 너는 남아있으라는 겁니다.

4일째날 우리 어머니, 아버지 산소 쓰는 날, 남상에서 누워 자고 일 어났는데, 신원국민학교에다 신원면민을 전부다 모아 놓고 아침에 계 곡에 가서 죽였다는 얘기예요. 그게 누구 얘기냐 하면, 우리 외사촌형 이 경찰관이었기 때문에, 그 형이 알려줬어요. 국민학교에 5개 부락민 을 전부 모아 놓고 이튿날 아침에 계곡에 모아 놓고 다 죽였다고, 시체 에 불 질렀다는 얘기입니다. 그 말을 들은 그 날입니다. 그 날 순유 형 하고 만나가지고 자기는 "이제 군대간다. 너는 이걸 당국에 알려라. 우 리 청수(청연)뿐만이 아니란다. 신원면 전부 다 그랬단다."

5일째날 그 말을 전해 듣고, 청수(청연)에서 신원면으로 가려면 큰 감악산을 넘어가야 됩니다. 확인하려고 갔는데, 두 사람이 올라오기에 공비인줄 알았어요. 숲 속에 숨어서 보니까 너무나도 잘 아는 사람이에요. 면직원도 했던 김예옥 씨에요. 김예옥 씨 고모가 우리 뒷집에 살았어요. 자기 삼촌하고 둘이 오다가 만난 거예요. 그래 쫓아 나가서 보니까 얼굴이 새하얘지면서 '여기 왜 있냐'고 하는 거예요. 우리 동네 다 죽었다, 우리 피난 가는 거라고 하는 겁니다. 내동 부락이 자기 집안이라 (친척들이) 많이 살았어요. 죽었단 말을 듣고 와보니까 시체를 알아볼 수도 없고 그래서 바로 돌아왔어요.

거창읍 쪽으로 중간쯤까지 가서 얘기를 들어보니까 형사가 아는 것보다 더 몰라요. 어떤 방식으로 어떻게 죽였는지 형사가 더 잘 압니다. 형사가 살아 있습니다. 노태준이라고, 지금은 치매가 와서…. 그때에 그 동리에서 사진기가 없었어요. 한 면에 한두 대 있었어요. 정덕호라고 노빈증 사진 찍느라고 사진기를 가진 사람이 있었습니다. 그때도 눈이 와서 춥고 그런 때인데, 여기서 하나 문제가 생기는 거예요. 그래 그 집을 갔더니 정덕호가 사진을 찍어서 갔다는 거예요.

그걸 확인하고. '(내동에) 들어가지 말라.' 처음부터 내동 밑에서부터 계엄령을 내려놓고 군인들이 둘러싸고 있었던 거예요. 그때 넘어갔으면 죽었죠. 신원을 못 들어간다는 얘기를 듣고 작은집에 가서 밤새도록 준비를 다 해가지고 기억나는 대로…. 그때 80명인가 지금 알고 보니까 두 사람이 늘어났어요. 그걸 왜 적었느냐면 노태준이라는 사람이 우리 외사촌 자형인데, 이걸 당국에 알려야 된다. 그때 사찰주임이 유봉순 씨인데, 그 분 밑에 사람이에요. 자기는 발설했다가는 가버리는 거예요. 그래 (우리 외사촌 자형이) 나를 불러서 '육군본부 처남한테 가라.' 자기한테 처남이지요. 나한테는 자형이 되고, 외사촌형이 되는 거죠. 이름이 김영무고, 상사였지요. 그 말을 듣고 대충 경위를 적고, 그것도 종이가 없어서 비료포대에 연필로 써가지고 이튿날 외갓집 모르게 대구로 뛰었습니다. 가는데 그때 차가 있습니까?

사건경위를 비료포대에 써

그때 군인들이 나무장사를 많이 했어요. 국영사업이라고 해가지고. 군인들이 GMC를 가지고, 군인들이 군복을 입고 타고 가는 나무차를 타고 가면 조사를 안 해요. 나무장사에게 사정을 해서 "내가 학생인데 차를 놓쳐서 태워달라"고 하니까, "뒤에 타면 얼어 죽을 건데…." 하는 거예요. 안에는 이미 세 사람이 탔고, 뒤에는 나무들이 있어요. 뒤 쪽에 탔어요. 가다보니까 즈그들도 미안하니까 안에 타라고 해서 탔는데 고령 와가지고 걸렸어요. 어디서 걸렸냐면, 검문소에서 걸렸어요. 헌병한테 걸렸어요. "너는 뭐하는 놈이냐?" "나는 거창이 고향인데, 사실 사촌형님이 육군본부 작전본부에 있기 때문에 형이 빨리 오라고 했다." '(사촌형님한테) 전화해보라'고 하니까 '(사촌형님) 이름이 뭐냐'고 해요. 김영무라고 하니까 이리 오라고 하더라구요. 그 사람이 유명했거든요.

그래 가지고 군인들이 감자도 구워먹던 거 주고 하고 하더라고요. "좀 있다가 다른 트럭 오면 태워 줄게" 그러는 거예요. 한 30분쯤 있으니까 해가 어스름해졌어요. 그게 며칠이냐면, 사건 나고 6일만이고 한데, 대구가 어디인지도 모르는데, 달성에서 내려줘요. "육군본부를 찾아가서 이름만 대면 태워줄 거다" 해서 거기서 내려줬어요.

거창사건 최초의 제보를 하다

거창에서 대구 가는데 하루 종일 걸렸어요. 육군본부에 도착하니까, 지금 알고 보니까 후문이었어요. "작전참모본부에 김영무 상사를 찾으러 왔다"고 하니까, 뭐야 하길래, 사촌형이라고 하니까 데려다 주더라고요. 가니까 방이 꽤 컸어요. 저 앞에 소령인가 있고, 사무실 안에 김영무 형이 눈만 껌뻑껌뻑하고 말을 안 한 거예요. 자기 상사한테, 소령인가 그 사람하고 한참 말을 하는 겁니다. 저는 배가 고파서 미치겠는 거예요. 불 앞에 있으니까 눕고 싶은 거예요.

(상사하고) 한참 얘기를 하더니만은 김영무 형이 집에 가자고 하는 거예요. 요즘 말하는 감자전을 먹으면서 "니 걸을 수 있냐?" 해서 있다고 해서 갔더니, 10분 정도 걸어가니까 형수가 있더만. 형수가 날 붙들고 "고모가 다 죽고 도망 왔다는 말을 듣고 걱정하고 있었다", 이거예요. 우리 외사촌형이 나이가 많아요. 형이 일체 말을 안 하는 거예요. 내가 말을 하려고 하니까 김영무 형이 말하지 말라는 거예요. '다 알고 있다'고. '고모하고 왜 죽었는지 모르겠다'는 거예요. "너 열심히 공부만 하면 돼." 그게 다입니다.

그래 내가 비료포대에 쓴 글을 외사촌형에게 줬어요. 그랬더니 눈물을 흘리면서 우리 남동생 얘기를 하면서, '똑똑했는데' 하면서, '어머니가 데려 갔나보다' 하는 거예요. 그때 아침에 7시인가 출근할 때, 그 밑에 동생이 김태술이라고 같은 상사인데 헌병이라. 찾아왔어요. 그래 형하고 둘이서 말하더니 그 동생이 "자기한테 맡기세요" 그럽니다. 무슨 말인지 몰라요. 그게 이제 숙제입니다. 그러고 책상에서 형이 내가 준 것을 정서를 했어요. 군인들 까만 봉투에다가 넣어서 밥풀로 붙인 것까지는 알았습니다. 이게 거창사건에 대한 최초의 제보입니다. 내가 제보를 해가지고 이 경위를 김영무 상사가 헌병대에다가 제보한 겁니다. 그것이 사건 나고 나서 딱 일주일만일 겁니다.

그래 놓고 이튿날 아침에 나와서 그 소령인가 굉장히 딱딱했다고 했는데, 그 사람이 알고 보니까 박정희예요. 우리 외사촌형이 면사무소를 다녔기 때문에 글을 잘 썼어요. 김영무 하면 당시에 다 압니다. 그래서 나보고 부르는 대로 쓰래요. 몇 날 언제 신원에서 군인들 대접까지 했는데, 사람들 죽였다는 소문을 들었다는 것을 일단 써보라고 하더라고요. 대충 써서 보니까, 세로로 한 장을 쓰니까 하는 말이, 돈을 주면서 "바지 안쪽에 넣고 너희 형수한테 꿰매 달라고 하고, 급할 때 꺼내 쓰라"는 겁니다. 부산에 국회로 가라는 겁니다.

그 누구도 믿지마라

"거창 국회의원이 신중목이라는 사람인데, 너희 어머니랑 잘 알거다." 우리 어머니는 신중목 씨 부인하고 잘 알 것이기 때문에 잘 알 거다. "집은 어디냐?" "집은 없고, 신중달 씨 집에 있을 거다." 그래 가지고 대구에서 학생복을 벗고, 형이 준 한복을 입었어요. 덩치가 비슷했어요. 지금은 동대구가 크지만, 그때는 대구역이 컸거든요. 대구역 뒤로 군인들 부대가 별도로 파견되어 있었거든요. "어떤 차든 좋으니까 부산까지 태워주라" 하니까 거기 있는 헌병이 묻더니만은 짐차에 타고 부산역에까지 편하게 갔어요.

갔는데 부산역까지 가는 게 아니고 부산진역까지 가는 거예요. 부산진역에 내려서 물으니까 버스가 있다는 거예요. 돈 아낄 욕심에 20분을 뛰어간 거예요. 신중달 씨 집을 다 아는 거예요. 신중달 씨 집에 가니까 "(신중목 씨가) 여기 있는데, 지금은 여기 안계시다"고 하는 거예요. '어디 계시냐고' 하니까 '왜 그러냐' 고 해서 '(신중목 씨하고) 안다' 고 했더니, '친하냐' 해서 '친하다' 고 했더니 '신시범 씨 집에 있다' 는 거예요.

신시범 씨는 대한민국에서 부자라. 그때 친일한 사람 중에 박흥식하고 신시범 씨가 부자야. 가니까 그 집이 얼마나 큰지, 가니까 헌병들이 서서 경비를 하더라고요. 겁이 나가지고 가서 물으니까 '누구를 찾아왔느냐' 고 해서 '신중목 씨 찾아왔다' 고 하니까 길을 알려 주는 겁니다. 나중에 알고 보니까 장면 총리 형님이 한 분 계신데, 그 분이 거기 계셨던 겁니다. 신시범 씨 집에 임시로 장면 국무총리가 거처하고 있었던 겁니다. 그 집이 그만큼 큰집이에요.

그래 뒷문으로 해서 들어가니까 아주머니 한 분이 나와서 얘기를 하고, 어머니가 누구냐고 묻길래 자초지종을 얘기하니까 그때 들어갔어요. 그 분이 바로 신시범 씨 부인이에요. 나중에 알고 보니까 우리 친외

가하고 사돈지간이에요. 그래 방을 주면서, 화롯불을 갖다 주면서 차를 주길래 먹고, 꽤 많이 먹고 나니까 (몸이) 풀려요. 근데 (신중목 씨가) 안 와요. 그 비서인가 하는 사람이, 신 비서라고 하던데, 보자고 해서 가니까 김영무 형이 급하면 보이라고 준 편지를 줬는데, 그 편지를 보여줬더니, 그 조그만 분이 노트를 들고 들어오더니만 '어디서 왔냐' 고 해서 '거창서 왔다' 고 했습니다. "왜 왔느냐?" "신중목 씨 만나러 왔다." '왜 만나느냐' 고…. 그래 "신원에서 사람이 이렇게 많이 죽었는데 이거 어머니 아버지가 다 돌아가시고, 군인들이 그랬기 때문에 이걸 알려야 되고, 그런 얘기를 하러 왔다." 그러니까 하는 얘기가 "나도 거창이야. 안심해. 지금 너 잡으려고 난리다." 그게 신종윤이에요.

그 분이 경찰하다가 총리실에 근무를 했어요. "나한테는 사실대로 얘기하라"고 해서 (그 분에게 자초지종을) 설명을 해줬지요. "이 집을 나가면 안되니까 나가지 말라"고 합디다. 신시범 씨 부인이 들어와서 "마음 푹 놓고 자고, 아까 그 사람은 우리 비서하다가 총리실로 갔다." 그래서 (자는데) 새벽에 문을 두드리길래, 신중목 씨 그때 처음 봤어요. "너 거창서 왔지? 이리와. 따라와." 방을 돌아서 제일 깊은 방으로 가서 주의를 시켜요. "니가 말 잘못하면 큰일 난다. 그리고 너를 잡으려고 거창경찰서에서 지령이 와있어. 그러니까 절대로 이 집을 나가지 마라."

그래서 자초지종을 얘기하니까 "그 놈들도 밥 먹고 사는 놈인데, 대한민국 국민을, 양민을 죽였다는 건가? 믿을 수가 없다. 내가 알아서 할 테니까 여기서 푹 쉬고 있어라." 이틀이 지났는데 소식이 없어요. 하루 종일 기다리는 거야. 신문 봐도 없어요. 이상하고 불안하죠. 김영무 형이 '누구도 믿지 마라' 했거든요. 그리고 "신원서 왔다는 얘기 하지 말고, 어디서 물으면 내 친동생 김철수라고 해."

총리실 비서, 서민호 의원 비서에게 설명

그래 밖에 나와 보니까 학생들이 시가지 행사를 하니까 사람들이 박수를 치고 그래요. 방송에도 안 나오고, 신문에도 안 나오고…. 거기서 보수동까지 걸어왔어요. 거기가 도청 앞이에요. 다방이 있더라고요. 날은 춥고 떨리기도 하고 해서 올라갔더니 다방에 사람이 모여 있더라고요. 커피를 마시고 있는데, 한사람이 자꾸 쳐다보더니 '어디서 왔냐'고 물어보는 거예요. '거창서 왔다'고, 김철수라고 했지요. 감자를 구워서 나를 주길래 그걸 하나 먹고…. 전라도 말을 써요. 가만 보니까 인정이 땡겨요. 그 사람이 "거창서 (사람들이) 많이 죽었다던데, 소문 못 들었냐"고 물어봐요.

이게 누구냐면 서민호 밑에 비서관이 있고, 비서가 있는데, 비서에요. 자기는 "보성에 있는 서민호 의원 비서를 하고 있는데, 없는 사람을 위해서 일한다, 신중목 씨하고 다르다"고 하더라고요. 그때 오후 5시쯤 되었는데 필요하면 오라고 하더라고요. 전찻길을 걸어오다보니까 나도 모르는 사이에 따라갔어요. 그래서 한길가에서 구두로 서민호 비서한테 알린 겁니다. 그때에 연필을 내서 자기가 메모를 했습니다. 한 10분 동안 했습니다. "서민호 의원이 이걸 알라고 지시를 했는데, 알 길이 없다", 이겁니다.

헤어지고 중앙동에 나가서 국수를 하나 사먹고, 그길로 신시범 씨 집을 다시 갔어요. 그때는 신중목 의원이 계셨어요. 그때는 거짓말을 했어요. "우리 사촌형이 이철규인데, 거기 갔다 왔어요." 그 얘기를 하면서 (신중목 의원이) "거창 이야기를 알아보니까 자네 이야기가 맞네. 나한테도 사람들이 붙었다. 전시라서 군인들이 국회의원을 개취급한다. 나도 은근히 겁이 난다. 나한테 맡겨 두면 내가 알아서 하겠다. 정의를 위해서 내가 목숨을 바칠 각오가 되어 있다." 이런 이야기를 하는 겁니다.

그래서 아침에 나오는데, 신중목 씨 비서라고 방 비서가 나와서 메모를 했습니다. 그 사건 경위를 설명해주고 메모를 하고, '(집 밖으로) 나가면 안된다'고 했습니다. 그 말을 듣고 또 돈을 주는 거예요. 메모해서 일목요연하게 정리해서 신중목 씨에게 전했습니다.

이튿날 저녁에 자고, 사촌형 집에 가고 싶은데, 사촌형수가 뻣뻣해요. 그래서 그냥 잤는데, 이튿날 아침에 신문장사가 있어서 신문을 사보니까 서민호 의원이 발표를 해버린 겁니다. 그러니까 국회가 발칵 뒤집힌 거예요. 신문에 나니까 신중목 씨가 누구보다도 놀란 거예요. 저녁에 신중목 씨가 들어와서 노발대발하는 겁니다. "이 큰 사건을 누구한테 알려가지고 되겠느냐"고…. 그래서 "저는 의원님을 믿고 의원님에게 알리고 한건데, 이틀이 지났는데도 얘기가 없지 않았습니까? 그래서 서민호 의원을 직접 찾아가서 이야기한 겁니다."

인지는 신중목 의원이 먼저 했고, 발표는 서민호 의원이 한 건데, 신중목 의원은 여러 가지를 감안해서 비공개 회의를 요구했습니다. 정치권에서 문제가 되고 그래서 '그냥 넘어 가서는 안되는 거다. 누구도 믿을 수 없으니 국회조사단을 구성하자'는 것으로 접근이 된 것 같습니다. 그 과정이 아침저녁으로 회의를 해서 한 열흘 정도 걸린 겁니다. 서민호 의원이 화가 나서 외인 클럽에서 발표를 한 것 같습니다.

이거는 헌병대 송찬봉 씨한테 들은 겁니다. 그 사람이 영도다리에서 만나자고 해서 만난 겁니다. 그 뒤에 육군본부에서 외사촌형이 그 날짜에 헌병대에 투서 식으로 한 겁니다. (외사촌형의 투고는) '내가 들은 바에는 거창 신원면 어디어디에 양민이 죽었다는데 알고 있는가' 하고 반문을 한 겁니다. 그러니까 상대방이 '오늘 들었다. 사령관에게 보고를 할 준비가 되어 있다'고 한 겁니다. 사촌형이 알린 정보가 1호고, 헌병대에서 다른 루트로 안 정보, 두개가 최경록 사령관에게 보고가 된 겁니다.

헌병대에서 장교 세 명을 비밀리에 급파시켰습니다. 현지 확인을 하고 사진을 다 찍어서 왔습니다. 그게 유일한 사진인데. 그게 아마 김영무 상사에게 하나가 왔던 것 같습니다. 제가 살아 있는 것은 덤으로 사는 겁니다.

거창사건 알리고 다시 고향으로

신시범 씨 집에 얼마나 있었죠?
한 열흘 있었습니다.

신중목 씨가 국회에서 3월 29일인가 발언을 했는데요.
2월 25일에서 3월 그 전에 신중목 씨 찾아가서 이야기를 한 건 사실이고, 한 열흘 정도 이야기를 안했어요. 그래서 서민호 의원 비서한테 이야기한 게 발단이 된 겁니다. 그래서 알려진 것이고. 내가 부산에서 우왕좌왕하는 중에 김영무 상사가 헌병대에 투서 및 확인을 하고, 최경록 사령관이 현지에 파견을 하고 사진을 찍었는데, 그것이 국회에서 발표를 하기 전입니다. 그 얘기는 김영무 형한테 들은 겁니다.

그때에 부산진 세무서에 가면 홍영옥이라는 사람이 있었어요. 이 사람이 범일동에서 결혼을 하고 살 때인데, 선배 집을 찾아가니까 이 사람이 진심으로 보호를 해 주면서, "빨리 부산을 떠나라." 서민호 의원하고 신중목 의원하고 엄상섭 의원이 홍영옥 씨하고 알았던 모양입니다. 그때 그 사람 말에 의하면 거창 신원면 출신으로서 법무사가 있었는데, 도청에 투서를 했다고 합니다.

그래서 3월 20일경 되어서 부산에서 대구에 도로 갔습니다. 그때 올라오니까 영무 형님이 안계세요. 그때 군인이 소령인지 중령인지 모르겠는데, 그 분이 보니까 나중에 박정희 대통령이에요. 그 분이 "김영무 상사 동생이라면서? 앉아." 그래 몇 마디를 물어보더라고요. 그래서 이리저리해서 여동생하고 나하고 기적적으로 살고, 형을 만나러 오니까 형이 별로 도와주지도 않고 그럽니다. 그러니까 박 대통령이 웃어요. 그 양반이 "아무리 급해도 정신만 차리면 돼", 그래요. 나중에 보니까 형이 박 대통령한테 얘기했을까봐 전전긍긍하더라고요.

그래서 그 날 밤에 비로소 외사촌형 집에 가서 밥을 얻어먹고, 형수가 고깃국도 끓여주고 해서 오랜만에 밥 같은 밥을 얻어먹고, 검문소에 얘기해서 군 트럭을 타고 거창까지 잘 왔어요. 거창에 내리는데, 여관집 주인이 나보고 하는 말이 "너는 죽었다고 하더니 살았냐?" 하더라고요. "빨리 들어와라." 그래서 해장국을 얻어먹고 얘기를 들으니까, 길거리 나가면 애들 다 군대가고 그러니까 있어라. 영무 형이 "너 어디 갔다 왔느냐고 하면, 몸이 안 좋아서 육군병원에서 치료받고 왔다"고 얘기하라고 해서 그렇게 하고, 누이동생을 만나니까 (얼굴이) 반쪽이 되었어요.

누이동생하고 한두 달 정도 떨어져 있었지요. 그래서 이튿날 아침에 어머니, 아버지 묻은 데를 가보니까 어머니, 아버지 입은 옷을 여우들이 다 찢어서 옷이 없어요. 이상하게도 옷만 없고 해서 제가 다시 산소를 썼습니다. 산소를 쓰는 날 비로소 작은 아버지하고 친척들하고 와서 남동생을 거기다 묻고 했습니다.

군인들이 소를 다 잡아가

우리 누이동생이 내가 어디 갈까 싶어서 잠을 못자는 겁니다. 다음날 작은아버지한테 꾸중을 듣고…. "너희 소를 동네에서 기르고 있는데, 군인들이 관리하고 있다"고 해서 가보니까 바로 가보니까 우리 소예요. 그래 보니까 소를 보고 울고 하는 걸 군인이 보고 하더니, 나보고 따라오라고 해서 따라 가니까 농업학교에 보급부인가 있었는데, 저한테 "안에 들어가면 장교가 있는데, 얘기 잘 하라"고 하더라고요. "말 잘못하면 큰 일 나니까 사실 그대로 얘기하라"고 하더라고요. 들어가니까 장교가 발로 차면서 저를 총살시키라고 하는 거예요.

우리 여동생이 창문으로 넘겨 봤던가봐요. 나오는데, 상사가 '뭐해.

장전해. 따라와'. "앞에 가면 구덩이가 있는데 상사가 총을 쏘면 구덩이로 들어가라" 그런 겁니다. 걸어가는 중에 총을 쏘는데, 제가 구덩이로 들어갔습니다. 그래 (구덩이로 들어가) 가만있었습니다. 있으니까 조용해요. 그래보니까 일어나라고 그래요. "다 갔어 일어나." 일어나니까 사병 둘하고 저하고 걸어오는 과정에서 얘기하는 거예요.

그때 소 찾으러 오는 사람이 여러 사람이 있었습니다. 소 찾으러 오는 사람이 한두 명이 아닌데, 쫓아버린 거야. 그래 (저희) 소를 찾아 주는 거예요. 그래서 소가 자꾸 뒤를 쳐다보다가 나를 밀어요. 여동생은 내가 죽은 줄 알고 새파랗게 질려가지고…. 소를 풀렀는데, 도망을 안 가고 옆에 사람이 가면 받아요. 그래 내가 나가서 짚을 주니까 안 먹어요. 작은아버지가 소를 마당에 넣으라고 해요. 소를 넣고 시레기를 주니까 먹어요.

여동생이 나보고 '어떻게 살았냐'고 그래요. 자초지종을 얘기하니까 막 울고 그래요. 나중에 알고 보니까 군인들이 한 마리도 남김없이 소를 다 잡아간 거예요. 나중에 보니까 36마리인데, 스물 몇 마리를 군인들이 가져간 거예요. 그 중에 반 이상을 군인들이 팔아먹은 거예요. 그래서 소를 먹일 데가 없어서 이틀 있다가 작은아버지가 팔자고 했는데, 어떻게 파냐고 해서 외갓집으로 몰고 갔어요. 외삼촌이 잘 몰고 왔다고 하면서 '필요하면 집에서 시레기 먹이라'고 한 겁니다.

오빠는 공부해라

그때부터 실질적으로 고생에 들어갑니다. 그때부터 봄이니까, 농사 철에 들어가니까…. 여동생이 (자기는) "식모살이할 테니까 오빠는 공부 하라"는 겁니다. 농사를 짓니 마니 하는 그런 단계의 고민입니다. 내가 고집을 세워서 "농사를 1년만 지어야 겠다." 그래서 유일하게 제가 1 년간 농사를 지었습니다. 내가 시골에 살아도 일을 해 본적이 없었는 데, 매일 가서 잡초 뽑고 그러니까 일년간 피가 안난 적이 없었습니다. 그때 제일 좋은 논을 열 마지기를 지었어요. 비료 하나 없이, 메뚜기 밭 이 될 정도로 지었는데, 쌀이 일곱 섬인가 나왔습니다. 한 섬인가는 동 네 어른들하고 잔치를 한번 하고, 여동생을 위해서 외갓집에 쌀을 갖다 주고, 절대로 식모살이 못하게 하고…. 그래 그 해 51년도 11월 달에 부 산에 갔습니다. 가니까 학기가 늦어가지고, 편입시험이 있어서 편입을 한 겁니다.

공비 가장하고 국회 조사단 기습한 군인들

51년도에 거창에 돌아와서는 어디서 지냈습니까? 불 탄 집에서는 아무 도 안 살았습니까? 51년 4월부터 51년 말까지 거창 지역의 모습이 어땠는 지 궁금하네요.

불탄 마을에는 아무도 안 살았습니다. 농사를 지으러 가니까 군인들이 진주하고 있었고, 경찰들이 신원에 사람을 못 들어가게 하는 겁니다. 외갓집 육촌형님이 "국회조사단이 온다고 지금 야단난 거 알고 있지? 사람 죽인 군인들이 국회조사단이 온다고 하니까 검은 칠하고 군복 벗어놓고 난리친 거 알고 있나?" 그 군인들 옷을 누님이 숨겨놨어요. 군인들이 옷 찾으러 올까봐 걱정했습니다.

알고 보니까 겁이 나서 국회조사단을 습격한 부대를 다른 곳으로 보내 버렸어요. 그러니까 옷을 찾으러 올 리가 있겠어요? 그래서 그 옷을 제가 집어 들고 신중목 씨에게 뛰었습니다. 그러니까 신중목 씨가 '너 살아 있구나' 하면서 '국수 먹어라' 하더라고요. 가니까 경찰관, 헌병들이 신중목 씨 집을 담장을 쳐서 못 들어가게 하는 겁니다. 저는 옛날부터 알았던 뒷문으로 들어갔어요.

그래서 신중목 씨에게 보따리를 풀어 (옷을) 보여주면서, 계급장 달린 사람 옷 세벌을 주면서 한 명은 장교이고, 두 명은 사병이라고, 군인들이 공비로 가장한 것이라고 하니까 신중목 씨가 주저앉더니 '내가 속았구나' 했습니다. 신중목 씨가 목소리가 큽니다. 호통을 치는 거예요. "이놈들이 죽을라고 환장을 한 놈들이지." 계급장하고 이름하고 내놓고 데려 오라는 거예요. 경찰들하고 군인들이 의원들을 에워싸고 있던 때인데 신중목 씨가 "다 필요 없다, 나 혼자 하겠다"고 하는 거예요. 군인들이 가장했다는 것을 최초로 말한 것이 신중목 씨입니다.

나는 뒷문으로 살짝 나와서 거창극장으로 가서 아는 형한테 말만 퍼트려 주고 나갔습니다. 그래서 '(군인들이) 빨갱이로 변복해서 기습했다'는 소문이 퍼진 겁니다. 국회조사단은 이틀간 격론을 하다가 '경찰서로 불러서 조사를 하자'고 결론이 났습니다. 시골서는 저를 명이 길라고 '길수'라고 불렀어요. 그때 누가 날 증언으로 세웠냐면, 노태준이라고 그 형이 명단이 끼워 넣은 거예요. '이철수를 증인으로 세우라'고. 그래서 명단에 끼웠는데, 괄호하고 학생이라고 썼어요.

그래서 증인명단에 들어가 있었는데, 기다리고 있는데 소식이 없어요. 그래서 이상해서 나가니까, 김예운 씨라고 만났는데, "너희 자형이 국회조사단에게 말해서 하기로 했는데, 둔갑이 되었어"라고 하는 겁니다. '빨리 도망가라'는 거예요.

이철수로 살 수 없어 이름까지 바꿔

아까 그 증인 명단에 이름이 있었다는데, 김정욱 씨는 증언을 했는데, 어르신은 왜 안했는지요?

저는 학생이고, 김정욱 씨는 어머니도 죽고 유족이고 하니까 증언을 대신 한 겁니다. 그 고비가 군인들 쪽에서 보면 다행인 것이고, 유족들 측에서 보면 아쉬운 대목입니다. 그게 지금도 후회를 하고 있는 것입니다. 유봉순이가 밑에 형사들하고 같이 증언을 다 짠 겁니다. 신원사건을 전체적으로 보자면, 지금 지내고 나니까 그게 결정적인 분기점이 되는 게 아닌가 생각됩니다.

나중에 부산에 외사촌형이 출장차 온 겁니다. 내가 학교에서 우수상을 받았는데, 그날 외사촌형이 온 거예요. 그때 종이로 접은 꽃을 제가 꽂고 오니까, 축하한다면서 "앞으로는 형으로 생각하지 말고 부모로 생각하고 열심히 하라"는 겁니다. 그러면서 "실질적으로 올바른 말을 하는 사람이 없다"고 하면서 "거창사건 좀 잘못될 것 같다"고 하는 겁니다.

외사촌형은 그래서 가고, 범일동으로 가니까 박순유 형이 와서 군대 간다고 하는 겁니다. (박순유 형이) 아침에 일찍 일어나서 물장사를 했습니다. 그걸 해서 학교를 다닌 겁니다. 군대간다고 하면서 밤새도록 얘기를 했어요. 그래서 이튿날 보병학교로 간 겁니다. 그래 헤어졌어요.

그 분이 52년에 군대 들어가고, 나는 부산에 있는데, 이듬해 난데없이 연락이 오는데, 그때 내 누이동생이 17세될 때입니다. (영무 형한테서) 난데없이 연락이 왔는데, 여동생이 결혼식을 했다는 겁니다. "한 동네에 내 잘 아는 친구하고 결혼식을 했는데, 정두옥이라는 애하고 결혼식을 했다." 저한테 알리지 말라고 하고 비밀리에 결혼식을 한 거예요.

그래서 부산에 있는데, 방 비서가 자는데 찾아왔어요. 돈도 가져오고 뭘 가져와서 격려를 해주고 하더라고요. 52년도에 일부가 서울에 환도를 해서, 국회가 일부 서울로 간다, 만다 할 때입니다. 신중목 씨가 "열심히 공부하고, 내가 찾아올 때까지 거창사건에 관여하지 말라. 네가 우선 살아야 더 큰 일을 한다" 하면서 그때 마지막 인사를 했습니다. 그리고 고등학교 졸업할 때 즈음 되어서 난데없이 방 비서가 또 찾아와서 '서울에 와서 공부를 하라'는 얘기를 한 겁니다. 그래서 그때 제가 고학이어도 대학을 가려고 얘기를 하고 있는데, 그때 박순유 형이 편지가 왔어요. 박순유 형이 논산훈련소 교관으로 있다고 해서 찾아가 봤습니다. 결론적으로 야간대학으로 갈 수밖에 없었는데, '신중목 씨하고 얘기를 하라'고 했습니다. 그때 고등학교 교장이 와서 이름을 이상덕으로 바꾸라고 하는 겁니다.

이대로 참고만 있을 수 없다

함차산이라고 거창경찰서 청년단장이라고 했는데. 그 사람이 신중목 씨를 받들고 있던 실세입니다. "거창사건을 신중목 씨가 보고하는

것처럼 하는데, 이철수 씨가 어차피 나온다"는 겁니다. (그래서) 이름을 바꾸라는 겁니다. "제가 여기 이철수로서는 세상을 살지 못하니까 이름을 지어주세요" 하니까 "내일 다시 오너라." 사촌형 이름이 복덕이니까 그 아래로 이상덕으로 하나 만들라고 해서 그렇게 했습니다.

그래서 건국대 입학원서를 준비하고 있는데, 신중목 씨가 와서 지방으로 내려가자고 하는 겁니다. 유봉순이가 사찰계주임하다가 그만두고 국회의원하려고 나왔다는 겁니다. 이상

식 의원이 국회의원하고 그랬는데, 이 사람이 나를 만나더니, 너 '상' 자 돌림인데…. 그래서 신중목 씨 선거운동하고 그래서 정치에 들어가게 된 겁니다. 결과적으로 야간대학에 들어가지 못하고 선거판에 들어간 거예요. 지금 말하면 수행비서입니다. 들어가니까 56년도인가 신도성 씨, 신중목 씨, 한 집안끼리 나온 겁니다. (선거를) 했는데, 낙선한 겁니다.

(그러다가 신중목 씨가) 3대 국회의원하기 전에 농림부장관으로 임명 받았어요. 신종윤이라고 총리 비서실에 있던 분이 보더니 "신중목 씨 거창사건으로 농림부 장관을 했는데, 아직도 붙어 있냐"고 한 겁니다. 여기서 신중목 씨하고 갈라집니다. 58년에 4대국회 때인데 난데없이 선배가 찾아와서, "가만히 주저앉을 수 없다. 박순유가 육군대위가 되어 있는데, 행정학교 교관으로 되어 있다고 한다. 그리고 문홍주 씨가 중앙정보부 통신과에 있고…."

김동영, 최형우가 4·19 나기 전에 밤새도록 얘기해서 결론이 거창사건 진상규명하라는 데모를 한번 하자고 해서, 김동영이 안을 내고 해서, 본부를 신촌에 만들어 놓고 준비를 했을 때입니다. 그런데 신중목 씨가 갑자기 찾아와서 하는 얘기가 농협중앙회장을 하겠다는 얘기입니다. 결론은 "이 군이 나를 좀 도와라, 그럼 내가 생활은 보장시켜줄게." 그래서 농협중앙회장 선거를 했는데 52%로 이겼어요.

안방에서 (신중목 씨하고) 같이 잠을 자면서 (농협중앙회장 선거를 도와달라고) 나를 설득해서 그렇게 하기로 했는데, 아침에 일어나보니까 '농협하고 농업은행하고 합치는 게 어떠냐, 가닥을 잡아서 보고를 하라'는 것이 첫 과제였습니다. 그때 농림부국장을 찾아가서 농업은행 자료를 받아서 보고를 했습니다. 그러고 있는데, 김동영이하고 오더니 빨리 도망가자고 하는 거예요. 《동아일보》에 기사가 났는데, 4·19 나기 직전인데, '관계자 처단하라.' 2주일을 동안 데모를 했습니다.

거창사건은 4·19 혁명의 기폭제

내가 그때 보안대에 끌려갔어요. 들어가니까 "거창사건 빨갱이들이 어느 세상인데 다시 나오느냐?" 그때 부대 대장인데 직접 조사를 하는데, "나는 바로 죽어도 좋소" 하니까, 도저히 안 되니까, 마구 조지는 겁니다. 그때 내가 운동을 좀 했는데, 마구 때리는 척했는데, (때리는 척 하는 사람이) 내가 아는 사람인 겁니다. 이튿날 내가 나왔습니다. 그게 4·19 나기 10일 전쯤입니다. 대대적으로 데모한 날짜가 10일전쯤 될 겁니다. 거창사건이 4·19 의 촉발제의 하나라고 나는 생각합니다.

4·19 나기 3일 전인가 덕수궁 앞에서 데모를 했습니다. 내가 기억하기로는 유인물에는 '거창사건 규명하라.' 그 대목이 들어간 것으로 기억하고 있어요. 김동영 씨는 동국대학교 2학년인가 그랬을 겁니다. 그때 전국정치학회라는 걸 처음 만들어서 회장을 했을 겁니다. 청운다방이라는 다방이 있었는데, 거기서 데모할 것을 모의하고, 신촌 하숙집에서 (유인물을) 인쇄했어요. 그때 (저도) 있었는데 몽땅 뺏기는 바람에 집에서 아무리 찾아봐도 없어요.

지적하고 싶은 것은 3·15 부정선거도 정치적으로, 사회적으로 문제가 되는 것이었지만 그 당시로서는 독재정권에 치명적인 것이 거창사건이었습니다. 독재정권을 부르짖는데, 최초의 상대가 거창사건이었다…. 그 당시 시골에서도 신성모하고 그 일당들이 왜 파면 당했나, 경찰이나 관계 기관에게 그 이야기만 하면 쑥 들어갑니다. 그 거창사건 나고 나서 11년 동안…. 동생이 부르던 한 맺힌 노래가 있습니다.

1년 동안 농사짓는 과정에서, 한번 밥이 늦은 적이 있었습니다. 제가 점심을 기다리다가 잠이 들었어요. 그런데 노래가 들려요.

높고 높은 가막산 꼭대기에 외홀로 소나무야,
날과 같이 외홀로 서있구나.
바람이 오나 눈이 오나 피할 수 없구나.

이것만 내가 기억을 하고 있어요. 이건 여동생이 지은 노래입니다. 어디 노랫가락에 붙여서 지은 거예요. 그 노래를 듣고 깨고…. 내가 배가 고픈데다가 그 노래를 들으니까 화가 났어요. 처음이자 마지막으로 걔 뺨을 때렸어요. "왜 그런 걸 생각하느냐?" 결국 그날 제가 점심을 안먹었어요. 지금도 부모 잃은 슬픔 못지않게 (그때 일을) 잊을 수가 없습니다.

거창사건 진실 규명 위해 김종원 찾아가

4·19하고 5·16 사이에 김종원을 만난 적이 있다고 들었습니다만.
4·19 나고 나서 얼마 있다가 일이 벌어졌습니다. 그때 고향 선후배

들 몇 명이 유족 관계된 사람들을 모아서 "박영보도 이렇게 해서 죽였지 않느냐, 김종원이 더 나쁘지 않느냐." 그래서 '잡으러 가자' 해서 나를 위시해서 곽후섭 씨하고, 박덕순 씨하고 대여섯 명이 갔습니다. 김종원이 집이 혜화동에 있었습니다. 어떻게 해서 야구방망이를 가져갔어요. 내가 가져간 것은 아닌데…. 사실 나는 망치를 가져갔습니다.

그래서 아침 9시쯤 해서 김종원 씨 집 정문을 덮쳤습니다. 그래서 들어갔습니다. 들어가니까 이미 이불을 뒤집어쓰고 있는데, 납작하게 엎드려서 "거창 희생자들이 찾아올 줄 알았습니다. 이 자리에서 죽어도 여한이 없습니다. 사실 제가 죽이진 않았지만 그것을 감싸준 제가 책임이 있습니다." 이때 때리려고 하는데 누가 막았어요. 그래서 일순간을 넘어가고, 그 사람은 퉁퉁 부어 있는 얼굴이었는데, (김종원이) 엎드려가지고, "내가 거창양민학살을 직접적으로 지휘해서 한 것은 아니고 그것을 대내적으로 은폐하기 위해서 내가 동원하고 이렇게 되었으니 죄기 학살지들에 못지않습니다." 그래요. 그래서 30분 동안 얘기를 했는데, 나중에 들은 얘기인데, 식구가 하나도 없어요. 밥 해주는 아주머니 하나만 있어요.

그때 4·19 직후에 자유당 정부가 마지막 의회를 개회하는 과정에서 나, 김동영, 김진석 등 여섯 사람이 청와대 앞으로 찾아가서, "거창사건 진상을 올바르게 해주십시오. 국회가 해산이 되니까 마지막으로 좋은 일을 해 주십시오" 하고 조사단을 구성해달라고 박상길 의원에게 요구했더니, 아침밥을 먹으면서 (그렇게) 하겠다는 겁니다. 그래서 거창사건 진상조사위원회가 구성되었습니다. 민주당으로 넘어가기 전에 마지막으로 자유당 국회에서 구성된 겁니다.

그때 박상길 의원, 조종호 의원 등이 발의해서 조사단이 구성되었는데, 박상길 의원이 자기 지역구인 함양, 산청 등도 같이 해야겠다고 했습니다. 그래서 거창사건 진상조사단, 함양 산청사건 진상조사단으로 나눠서 조사단을 만들었습니다. 그때 박상길 의원하고 저하고 굉장히 다투었습니다. 그때 거창사건만 진상조사를 다시 했으면 지금 이렇게 되지는 않았을 겁니다. 그것이 함양 산청 민간인 학살사건이 최초로 조사된 것입니다.

거창사건 진상조사단이 현지에 가서 나보고 증언하라고 했는데, 저는 끝끝내 안했습니다. 나중에 알고 보니 거창사건은 진상조사를 다시 할 것도 없이 그냥 그대로 두고 갔고, 함양 산청은 새로 한 것입니다.

부모가 죽었는데, 쓸데없는 짓 그만 하라고?

10개월만인가 정권이 넘어갔어요. 군사혁명 나고 나서 고초를 겪는 과정에서 유족들은 거창사건 입도 벙긋 못했어요. 군사혁명 나고 나서 반국가단체로 몰렸는데, 저는 간 크게도 거창사건 때 헌병사령관 최경록 씨를 찾아갔어요. 사실을 얘기했더니, "내가 강영훈 장군을 찾아가거나 해서 확인할 일이 있다"고 했습니다. 최경록 씨가 "거창사건 때 몇 살 먹었냐"고 그럽니다. 최경록 씨가 "너 글 잘 쓰지?" 하면서, 김영무 씨가 투서한 것을 저로 착각한 겁니다. 제가 말을 못했습니다.

"그 당시에 나를 만났어야 되는데, 재판정에 관계자를 세우려고 노력을 했는데, 결과적으로 피해자가 출석하지 않은 기형적인 재판을 했

노라." 그럽니다. "그러나 이종찬 장군한테 두번이나 얘기했고, 강영
훈 장군, 이용문 장군이 검찰관이었는데, 대단한 용기를 가지고 나름대
로 했다." 그 투서를 접하고 이튿날 바로 장교 세 명을 현지에 파견해
서 확인을 했다는 얘기를 최경록 장군에게 직접 들었습니다. "강영훈
씨를 찾아가서 고맙다는 인사를 해라." 그런 얘기를 제가 들었습니다.

결국 누이는 스스로 한 많은 생을 마감

그리고 한동석이라는 사람을 만나야겠다고 생각해서 강릉을 갔더니
강릉시장을 그만 뒀다는 겁니다. 제가 안양에 산다는 것까지는 들었는
데, 애들 명의로 집을 샀다가 하면서 이사를 많이 다닌 겁니다. 나중에
알고 보니까 박영보 씨가 죽은 걸 알고 피해 다닌 거예요. 제가 대문을
넘어 들어가 마침 그때 새벽에 (한동석을) 만났는데, 도망을 가서 만나지
못했어요. 나중에 소문은 '이철수가 죽이러 갔는데 가까스로 도망을
갔다'는 겁니다. 그래서 내가 편지를 썼습니다. '내가 죽이려는 것도
아니고'…. (편지를 썼더니) 전화가 왔어요. '지금은 때가 아니니 나를 찾
지 말고, 언젠가는 내가 이철수 씨를 만나겠다'는 겁니다. 결국은 제가
만나지 못했는데 지금은 죽었어요. 제가 일도 하고 하면서 거창사건하
고 조금씩 멀어져 갔고, 거창 유족들하고도 좀 멀어졌습니다.

그리고 신원지서가 습격된 사건이 있었어요. 그때 공식보고는 인민
군 1개 사단이 와서 습격을 한 것으로 되어 있어요. 그런데 5~6명이 와
서 습격하고 2~3명이 죽었는데, 이를 30여 명이 희생되었다고 허위보

고가 되고, 그 허위보고가 계속 올라가는 겁니다. 거창사건 당시에 전후해서 군인이나 경찰이나 신원에서 공비 하나 대치한 적도 없고, 사살한 적도 전혀 없습니다. 실제로 없습니다.

그런데 왜 계엄령을 선포하고 학살을 하고 했느냐. 최덕신 사령관이 앉아서 보고를 받을 적에 보고가 잘못 되어서 위에서 족치니까 한동석이가 돌아와서 한 겁니다. 제가 제일 억울한 거는 '대한민국 군인이 민간인을 분별할 줄 모르는 군인이었느냐? 그런 명령을 받았다 할지라도 노소고하 막론하고 왜 이유 없이 다 죽이느냐?

거창사건 유족들에게만 유리하게 해달라는 것은 아닙니다. 국가 권력이 이를 했다면 이에 상응하는 법적 조치를 취해주는 것이 타당한 것인데, 왜 통비분자가 아닌데 통비분자라고 하느냐?

누이동생은 증언 기록이 없습니까?
누이동생은 결국 견디지 못하고 목숨을 끊었습니다. 아마 28세 때 죽었을 겁니다. 그때 그 노래를 나만 들은 것이 아니고 동네 아주머니들도 들었습니다.

저는 비곡에 사는 신성균이요. 29년생입니다. 뭐, 그 전 얘기는 앞의 사람이 다 했고, 내가 지켜 본 것은 5·16 신미년 일입니다. 신미년 때 군이 그랬는가, 경찰이 그랬는가 유족을 소집했어요. 유족회에서 소집한 게 아니고….

누군가 해서 쫓아와 들어오니 경찰이 와가지고 마 '논을 파라', '비석을 뿌솨라'…. 우물쭈물하고 서 있는데, 누가 하나 쫓아오더니 거기다(비석에다) 디립다대고 '뿌수라' 이기라. 내가 뭐 손가락으로 뿌솨? 돌을 부수려면 기계가 있어야 될 게 아닙니까? 연장을 갖고 와야지.

그게 이제 핑계라. 그래 어디서 해가왔는지(구해왔는지) 연장을 갖다 주더라고. 주는데 차마 이걸…. 그래서 거짓으로 글자를 쪼아대는데, 대뜸 확 잡아서 치더라고요. 그렇다보니께 또 하나 더 끌고 왔어. 두 사람이 쪼았어.

앞에 큰 글자 몇 개 제가 뿌솼습니다. 그때는 유족들이 많았어요. 젊은 사람도 있고, 나이 많은 사람도 있고…. 비를 치우니 자빠지거든요. 이걸 치우래. 부득이 그걸 들고 가질 못하고 그 옆에 파다 묻었어요. 비는 빼서 신원에 세워 놓은 게 그게 그대룹니다. 그것도 세월이 간 다음에….

신성군

비석을 뿌수고 묘를 파라

내 가족 찾아내면 유골 가져갈께

그러니까 5·16 군사쿠데타 나고 난 뒤에 군인들이 와서 유족들을 합동 묘소 앞에 모이라고 했다는 거죠?

네, 그렇지요. 군인도 있었고, 경찰도 있었고…. 유족들이 많이 왔어요. 그래서 그 자리에서 비석을 뿌수라고 했어요. 옆에 있으니까 뿌수라 카는데 '손가락으로 뿌술까', 이랬어요. 오전에 기계를 가져오더니 기계도 뿌수라 그러드만요. 거짓으로 글자를 쪼니께 뒤통수를 치더라고요. 그날 뒤통수를 세번이나 얻어맞았다고요. 그래 앞글자는 제가 뿌샀어요. 그리고 묘를 파라 캐서 결국은 팠지요.

그 자리에서 묘를 파라 그랬어요?

아니, 그 자리에서 우리는 묘 파라는 소리는 못 들었는데, 묘를 그날 안 파고 이틀인가 사흘인가 있다가 팠을 기야. 그때 그런 소리를 했다더만. "시신을 자기 지역 공동묘지에 갖다 묻어라" 하니까 (유족들이) "그럼, 내 가족 찾아내라. 그럼 가져갈게." 이런 소리를 했다더만.

그리고 그 뼈를 강제로 나눴어요?

뼈는 무슨 뼈, 흙인데. 갖다 버린 사람도 있고…. 그리고 우리가 묘를 쓸 적에는 땅을 깊이 파고 묻었는데, 시방 (군인들이 파라고 해서) 팔 때는 우에 따까리만 떼고 만 거예요. 그러니까 묘를 완전히 판 게 아니고 흉내만 냈다, 이 말이지요.

항의의 표시로 비석을 땅 위에 걸쳐놔

그리고 그 비석을 누가 땅에 파묻었어요?

아이고, 뭐 유족들이 파묻었지요. 군인들이 그러라고 시켰어요. 비석을 뿌순 그날 파가(땅을 파서) 묻었지요. 그리고 27년 후에 88년도에 다시 올려놓았습니다. 위령제 하기 전에, 우리가 89년도부터 위령제를 지내기 시작했거든. 근데, 파내고 세우지 않고 땅 위에 걸쳐만 놨어. 89년도인가 90년도에 위령제 지낼 때, "느그 손으로 파묻었으니까 느그 손으로 세워라." 이래 된 기야. 그래가지고 박찬종 씨 (국회의원) 와서 '세우자.' 그래가지고 우리 여럿이 붙어가지고 고만큼 세워 놓은 기라. 그러니까 무덤 앞에는 무거우니까 못 올리고. 땅에 요 정도 넘어져 있는 걸 박찬종이가 와가지고 지금 그 상황으로 세워 논 기라.

할아버님은 거창사건 날 때 어디 계셨습니까?

나요? 그때 군인 생활했습니다. 내가 50년 7월에 군에 들어갔거든
요. 그래서 52년 5월에 제대를 했어요. 52년 1월까지 대구 육군병원으
로 돌았습니다. 부상을 입어가지고 월미야전병원을 통해가지고 대구
피난구 제1병원에 있었거든요.

거창읍에 우리 이모 집이 있어요. 이모 집에서 편지를 보냈습니다. 우리 집에 편지를 보내니께 편지가 안 들어가요. 그래 거창 이모 집으로 편지를 보내니께 이모가 어머니 데리고 면회를 왔더라고, 병원에서 그 소문을 들었어요.

그때 그 가족 중에 돌아가신 분이 있습니까?

있지요. 동생 둘이 죽었습니다. 우리 여동생이 둘이거든, 남동생 하나해서 모두 서인데(셋인데), 군인 가족 나오라 하니까 요기(동생들이) 쪼깨나잖아(작잖아). 그래 뭣도 모르고 나오는데 문을 '쾅' 닫어버리더라 캐. 그러니께 안에 있는 동생은 못 나온 기라. 그때 죽은 동생이 열여덟 살 먹은 남동생하고 여섯 살 먹은 여동생이에요.

그래 나오니께네 학교 정문에서 누가 지켜 섰더랍니다. 서가지고 빨리 양지리로 가라고 하던가…. 시방 말하면 초등학교지, 그 학교로 데리고 갔더래요. 고거는 집에 어머니한테 들은 소리라.

그 박산 골짜기 가 보셨어요?

제대하고 나서 53년도인가 가봤지요.

저는 임기섭이라고 하고 지금 칠십 너(넷)이요.
당시 6·25 사변 나고 나서 산에 빨치산이 안많았습
니까? 지리산이니, 저 대운산이니 빨치산이 많았거
든. 그 당시 지리산, 대운산 (군인들이) 토벌하러 가
는 길목이었던 모양이에요. 그 당시 군인들이 왔다
갔다 몇 번 했어요. (군인들이) 섣달그믐날 인자 올
라갔거든요. 인자 올라가더니만 정월 초에 군인이
내려오는 기라. 군인이 내려오는데, 오디만(오더니
만) 군인이 마을에 들어선께 거창 농고가 집결지라
고 하더라. 그래 군인이 청연골 들어가다 청연골 사
람을 무조건 총살시켜버렸다 카는 기라. 무조건….
연락이 부모들한테 왔던 모양이요. 그때 부모들이
집에 같이 있었응께.

　그래 어무이, 아버지가 "네 동생을 데꼬(데리고)
느그들 누나집에 가라." 우리 증조할아버지 제사가
정월 초닷샛날이요. "초닷샛날 증조할배 제사 지내
고 우리는 갈께, 느는(너는) 아들(동생들) 데리고 가
라" 카는데, 동생들은 안 갈라 카는 기리. 내가 같이
가자는데, 동생들이 안 갈라 캐. 어무이, 아부지하고
같이 간다고 안 갈라 캐. 그래서 나는 아침에 날 새
던 길로, 누나 집이 구사리라 카는 데 있는데, 그리
갔거든요.

임
기
섭

이제 남은 소원은 명예회복, 그거 하나뿐이라요

살려달라며 군인을 안으니까 보내줘

난 구사리 외갓집에 들어가 있었는데, 군인이 싹 올라가 가지고 와룡, 대현, 중유골에 (사람들을) 모았던 모양이지요. 그래 인자 앞에 몰아 내려간 사람은 학교 교실에 가두고, 또 뒤에 내려오는 사람은 오다가 날이 저문께 탄량골에서 죽여삐린 기라요. 그런게 청연골하고, 탄량골하고, 학교 가둔 사람하고 사흘간 죽인 기라요. 거 죽여삐리고 (군인들은) 내려가 버리고…. 이건 내가 안 보고 들은 이야기야요.

그래 인자 학교에 가둬놓고 하루 종일 밥 굶겨가지고, 이튿날 아침에 우리 초등학교 앞에서 박 면장하고 군인하고 오디만(오더니만) "군인 가족, 경찰 가족 불러내라" 카는 기라. 그래 불러낸께 면장이 "군인 가족이 뭐 이렇게 많아? 경찰 가족이 이렇게 많아?" 거 몇 명 나오니께 문을 닫아버렸다 카는 기라.

그래가지고 인자 그 사람들은 (경찰 가족, 군인 가족들은) 윤현 국민학교

에 모이라 카는데, 아래로 내려가
다가 친척 있는 사람은 친척한테
가 버리고, 친척 없는 사람은 굳
이 갈 데가 없응께 윤현 국민학교
에 모였거든. 면장이 들어오더니
만 뭐라 카는가 하면, "군인 가족,
경찰가족 뭐 이렇게 많아?' 그런
소리를 하더라는 기라.

그래 인자 누나 집에 있응께,
그때가 새벽쯤은 됐을 기요. 그래
있응께, 우리 외가에서 문홍준 그
양반이 피가 벌거이(벌겋게) 해가지고 들어온 기라. "거 옷이 와 그러
냐?' 한께, "사람 다 죽었다", 그러는데…. 그래서 "와 옷이 그래 뻘겋
소?' 그러니께 "내가 와 옷이 이런가 하면, (군인들이) 골짜기에 사람 모
아 넣고, 하나(나를) 빼디만(빼더니만) 골짜기에 넣은 사람을 총살해가지
고 죽여서 '옆으로 나간 사람 주워 넣으라' 하는 기라. 그래 인자 밖으
로 나온 사람이 없응께 '나무 베어 오라' 카는 기라. 그러더만 나무를
이리 흩어놓고 난께 휘발유를 뿌려 불을 질러버리는 기라." 불 지르고,
총으로 쏘니께 (사람들이) 안꼼지락거립니까? "그래가지고 기어 나오는
사람이 있응께 그거 잡아넣으라 하는 기라. 그래서 옷에 피가 벌거이
(벌겋게) 묻어가지고…."

그러니까 나온 사람 없응께 그 사람을 사람 죽인 언덕에 세우디만 총
을 쏠라 카는 기라. 거서 둘이 살았거든요. 그래 그 사람 둘은 어찌 살

았냐면, 총을 쏠려고 하니까 '살려달라' 고 군인을 안았던 기라. 그래가지고 살아 나왔다고 그런 말을 해요. 그래서 인자 그 아랫동네 있는 사람들은 안 죽은 사람들은 차황으로, 산청으로 사방으로 다 피난을 가버려. 그때 있는 사람은 다 죽은 기라. 그래 군인들이 인자 사람 죽이고 나서 계엄령을 내렸어요.

시체를 파내니 눈에 불이 나지

계엄령 내리고, 불 질러가지고 와 볼 수도 없는 기고. 뒤에 한 보름 있다가 (군인이) "저 위에 올라가서 식량이 남았는가, 소 같은 게 하나 있는가? 뭐 돼지라도 밖에 나가 있는가? 그런 거 가서 보고 가져오라" 카는 기라. 그래 자형이 "우리 시체 찾으러 산에 가보자" 카는 기라. 그래 가보니까 사람도 구별도 못하겠고 엄두도 안나는 기라요. 그래 울기만 하고, 말을 못해. 까마귀는 와서 새카맣게 앉아가지고, 사람 가면 날아가지. 그래 내려와서 그 뒤로 시신 찾도 몬하는 기고, 손도 대지 못하는 기고….

그래 사람이 한 오백 몇 십명 죽으니까 핏물이 차지 않겠습니까? 핏물이 줄줄 흘러. 시방 지금은 지하수가 있고, 집에 수도가 있지만 그때는 순전히 개울물을 이용했던 기라. 개울물은 꺼림칙해서 보지도 못하고, 물을 사용 못하는 기라. 그리고 비가 오면 (핏물이) 더 내려오지.

그래 국회의원한테 의논해가지고, 그걸 이장을 하라 카는 기라. 그래 3년 만에 이장하라고…. 그래 인자 이장하는데, '나무 한 짐씩 지고 모두 와야 한다', '쌀도 한 짐씩 지고 와야 한다' 카대. 그 당시 우리 나이가, 뭐 스물 한살이지. 그래 인자 개울가에 나무 두무더기를 모아 놓고, 그러고 나서 인자 가족들을 모아 가지고 시체를 파는 기라. 시체를 파니께, 뭐 눈에 불이 나지, 그 당시 구별도 못 하는 기고….

그래 뼈가 좀 큰 것은 남자, 뼈가 좀 작은 것은 여자, 그래 구분해가지고 두 무더기로…. 그 당시 그런 걸 마치고난께 막 독이 올라가지고 피부에 뭐가 생겨. 그래가지고 사흘인가 천막에서 밤을 새우고…. 그래 인자 시체를 태우고 묘를 세운 기라요. 위에는 남자 묘, 밑에는 여자 묘, 아(아이)는 한데 넣어 놓았기 때문에 구별도 몬하는 기고, (아이 무덤에는) 표석만 한 개 남겼어.

그래 해놓고 난께, 인자 묘를 그래 냈으면 관리를 해야 할 거 아닙니까? 관리를 해야 하니까 우리 유족들이 돈 낸 거, 그래가지고 논마지기를 사가지고 운영하는데, 운영하려면 조직이 있을 거 아닙니까? 말하자면 회장, 총무, 그래 운영하니께….

그 당시 면의회가 있을 때거든요. 우리가 그러고 있응께 면 의회 의장이 도비(道費)를 가지고 석물(石物)을 해줄라 카는 기라. 시방은 석물을 할라 카면 돌 공장에 가서 사 가지고 세워다 놓기만 하면 되는데, 그 당시는 뭐 돌 공장도 없었고, 돌 깎는 사람도 없었고, 그 사람들이 다듬는데, 석물이 엔간히 다듬고 나니 4·19가 났어요.

석물 운반하던 날 박영보 면장 죽임

4·19가 났는 기라. 4·19가 난 뒤에 한참 있다가 돌(다 만들어진 석물)을 운송을 한 기라. 돌을 운송하려면 동네 사람, 이웃 사람 모아서 안거들 어줍니까? 그러니께 유족만 온 게 아니고 신원 사람이 다 모여서 돌 운 송해다 놓고 술 한 잔 먹고 유족 아닌 사람은 가는 사람도 있고…. 술 먹으면 자연히 이놈아, 저놈아하고 질문 안합니까? 누가 "박영보 면장 데려다 물어보자. 우리한테 그러고 나서도 잘못했다, 사과도 안하 고…." 그런 말이 나오니께 "뒤에 가서 천천히 하자. 오늘은 안된다." 그러는 사람도 있고…. 그러고 있는데, 한 쪽에서는 내려가삐리는 기 라. 박영보를 데리러 간다꼬.

그래 인자 뒤에 따라 내려가니까 사람들이 박영보를 잡아서 끌고 나오는 기라. 간막이라 카는, 거 조그만 동네, 거기 경찰 서장하고 경찰이 한데 오는 기라. 그 당시 경찰 서장이 강 서장인데, 산청 사람이라요. 거창사건을 환하게 다 알거든요.

그 서장이 "내가 거창에 부임 받아 들어와가지고, (박영보를 데리고 오라는) 그런 연락이 와서 데리고 왔다" 카는 기라. 서장이 그 이야기를 한께 그마 울분이 (나서), 막 '박영보, 죽일놈' 이라 대들어가지고, 경찰은 박영보 못 죽이게 하고, 유족은 막 죽이려 해싸코…. 그리 하다보니까 불이 훤하이 나는 기라. 불이 확 나는데, 그래 박영보 죽었다고…. 박영보 죽인 다음에 불났던 모양이야. 그래 막 나하고 둘이서 안고, '아이고 이 일을 어찌 하냐' 고 울고, 어떤 사람은 좋다고 하는 사람도 있고…. 뭐 그때는 (박영보가) 사람으로도 안 보이는 기고.

그래 박영보 면장이 되도 안한(말도 안 되는) 얘기를 해 놓으니께, 경찰이 죽였는가, 구별도 못 하는 기라. 그래 인자 서장이 말하기를, "이제 사람은 죽은 기고, 할 수 없는 기고, 집으로 돌아가이소." '집으로 돌아가라' 카는 기라. 그래서 인자 오다가 지서 앞에, 시장 앞에 모여 앉아 '우린 죄를 지어 놨다' 고 버티고 있응께 지서에서 술을 가지고 나와서 '막걸리를 갈라 먹고 해라.' 사정을 하는 기라. 그래 인자 올라오다가 막 울고불고 난리가 난 기라요.

우린 폭도가 아니라 사람이다

또 군인이 한 차 왔어요. 군인이 한 차 오더니만 (우리 보고) 폭도라 카는 기라. "우린 폭도도 아니고 사람이다." (군인이) "앉으시오." 앉으니께 한참 있더니만, 또 '일어서라' 카는 기라. "만세 삼창 한번 하고 가소." 군인이 그래 만세를 세번 부르고 가라 카는 기라. 군인이 가라 카는데 안할 수가 있소? 그렁께 인자 집에 와서 보니까 잠 잘 여가도 없고 그런 기라.

박영보, 그 사람을 죽여 놨으니 죄는 받을 긴데…. 인자 '모이라' 캐서 지서 앞에 간께, 그날 또 비가 왔어. 간께 거서(모인 사람들 중에서) 주모자를 가릴라 카는 기라. 뭐 가릴 수 있습니까? 앞장 선 사람도 없는 기제(거지). 그래 "하나 둘은 몬 보내니까 전부 다 간다" 칸 기라. 결국 그 당시 못 데려 간 기라.

서에서 또 나왔어요. "주모자 하나 둘 데려가면 우리가 알아서 잠깐 있다가 나올 낑께(거니까), 살려주이소." 사정을 해. 그 당시에 말하자면 4·19 나서는 뭐 무서울 게 있습니까? 우리가 세가 있던 택이지. 그래서 인자 우리가 몬 간다고 버팅긴 기라. 안뒨다고 버팅긴께 '집에 가라' 카는 기라. 그 뒤로 인자 지서 경찰이 와서 뭐 꽃 같은 것도 앞에 놓고, 관리도 좀 하고, 자연히 우리가 힘이 실리는 기라.

묘 파내고 사람 잡아넣고

그 있다가 군사혁명이 안왔습니까? 군사혁명이 오고 나서 유족간부들을 용공단체로 몰아가지고 유족회 간부를 아홉명인가, 여덟명인가 잡아다 가둬놓고…. 그래 인자 그라고 지내다가 한 달 넘고 나서 경찰

수사계에서 와 가지고 '지서 숙직실로 모이라' 카는 기라. 그래 지서 숙직실로 가니까 '지금 묘를 파야 된다' 카는 기라. '묘를 파라' 칸께 어떤 사람은 '몬 판다' 카고…. "파려면 자기네 묘나 파라 카지 못 판다" 카는 기라. 그러니께 "그 묘를 파야 잡아 가둔 사람이 나온다" 카는 기라. (유족들이) 분해가지고, "가둬 놓으면 평생 가둬 놓을 건가?" 그러면서 악으로 '못 판다' 고 그러는 기라.

그래 인자 이튿날 아침에 '묘 파러 오라' 카는 기라. 경찰이 와 가지고 (묘지 앞에 있는) 비(비석)를 자빠뜨리고, 넘어뜨리고, 글자를 뭉개가지고…. 그래가지고 묘를 파 버리고, 묘를 파 버리니까 재가 나오니까 이건 니 몫, 이건 니 몫, 쪽을 내가지고(나눠가지고), 그걸 공동묘지에 가져다 묘를 하라는 기라. 그걸 가지고 가서 공동묘지에 묻은 사람도 있고, 나는 묘를 하지 못해가지고 그냥 묻었어요. 어찌나 분하든지….

그래 인자 며칠 있응께 '박영보 살해' 라고 고발이 나서 잡으로 온 기라. 뭐 그 자리에 있었던 사람은 다 잡아 가는 기라. 양심 있는 사람은 잡혀가버린 기라요. 그래 가서 내가 8개월인가만에 나왔어요. 그래 배 검사가 "그 사람 죽일 사람이다. 죽일 사람인데 혼자 가서 때리지 와 여럿이 가서 때리노?" 그 카는 기라. "혼자 때리나 여럿이 때리나 죄는 같은데 왜 여럿이 가 때렸나?" 그래 내가 말하기로 경찰 서장이 와서 말하는 그 바람에 그 사람 죽었다고 그러니께 고개를 끄덕끄덕 하는 기라. 나는 그리고 인자 있다가 나왔는데, 또 아들이 용공단체에 엮인 사람은 (나보다) 뒤에 나왔어요. 그때 무죄로 나온 사람도 있고, 집행유예로 나온 사람도 있고.

세월 넘기고 대통령 바뀔 때마다 명예회복할라고 (탄원서를) 집어넣으면 돌아와버리고 돌아와 버리고, 박정희 대통령 때도 집어넣으면 돌아와 버리고 돌아와 버리고…. 그래 참 얄궂게 명예회복하려고 하고 있는데, 이게 참 명예회복 되겠나, 안되겠는 기라. 명예회복을 하려면 대통령이 해야 명예회복이 되지. 뭐.

내가 제일 억울한 게 부모는 나이가 많으면 죽겠지만 동생들 다 죽어버린께 나 혼자 3대 독자가 돼 버린 기라. 그게 제일 억울해. 그렇게 내가 욕을 봤습니다. 그래 우리가 데모하고 해가지고 명예회복 해달라고 안하는 깁니까?

우리 신원사람은 살아봐야 산 것도 아니오

군인들이 첫째날, 청연마을에서 사람들을 죽이고 둘째날, 탄량골에서 죽였잖아요. 둘째날 죽은 사람들은 신원학교로 몰고 가다가 죽였어요?

그랬다 캐요. 나는 그 전에 집에 갔으니까 몬 봤거든요. 군인이 동네 사방에서 몰아가지고 내려오니께 뒤에 내려오는 사람, 앞에 오는 사람 안있습니까? 이래 오니께, 앞에 내려온 사람은 신원국민학교에 들어가고, 뒤에 내려오는 사람은, 왜 죽었냐면, 날이 저무니께 데리고 가다가 거기서(탄량골에서) 죽여버렸다 카더라꼬요.

거서 살아나온 사람도 있고…. 탄량골에서 군인이 나무 갖다가 흩어놓고 불 질러 버렸거든요. 불 다 지르고 나서 군인이 가 버렸거든. 가버리니까 한쪽 구석에 처박혀 있다가 살아 나온 사람이 하나 있는 기라. 또, 박산골에서 그러고 난 뒤 바위 밑에 있다가 살아 나온 사람이 있어요. 그래 두 사람이 살아 나왔는데, 다 죽어버렸어. 그 사람들 거기서 수명이 다 되고, 혼이 나가버렸는지 오래 못살고 죽어버렸어요.

할아버님 가족 중에는 누가 죽었습니까?
부모님하고 밑에 동생들 서이(셋) 죽었지요. 부모님 다 돌아가시고, 그날 아침에 우리 부모가 (나한테) 동생들 데리고 가라 칸께 동생들 안 따르고…. 그래 나 혼자 밖에 몬 산 기라.

가족들이 죽었다는 걸 언제 알았습니까?
사람 막 총살해 놓고, 또 불 지르고 기어 나오는 것을 주워 넣고 난 뒤에 총살시키려 하니 살려달라고 해서 산 사람이 피가 벌거이(벌겋게) 해가지고 나 있는 내 누이 집에 왔어요. 그 사람이 인자 '사람 다 죽었다' 한 기라. 그래 아는 기라. 그 사람이 문홍준이라고 여기 대현리 사람인데, 그 사람도 세상 떠났어요.

가족들의 죽음을 확인하러 간 게 언제였나요?
그래 총살시켜 놓고, 동네 불 싹 다 질러 놓고 계엄령을 내렸어요. 군이 계엄령 내려 버리니까 살아남은 사람도 올라갈 수 없는 기라. 그러고 나서 한 보름 뒤에 가서 인자 "남은 곡식이나 뭐 짐승들이나 튀어 나온 게 있는가 가 보고 가지고 오라"고 보내서 그래 올라왔어요. 그래 올라와 가지고 자형하고 나하고 둘이서 시신이나 찾을랑가 싶어서 거(거기) 갔던 게 아닙니까? 그래 가 보니까 까마귀 떼가 확 날아가는데 참….

아까 말씀하신 석물이 지금 박산골에 있는 위령비가 맞나요?

예. 시방은 돌 공장에서 저그가 해서(자기들이 만들어서) 차로 실어다주지만 그 당시엔 돌 공장이 없어서 돌쟁이 데려다가 만들어놓고 그래 있다가 4·19가 난 기라요. 그래 4·19가 난 뒤에 돌을 옮겼어요.

이은상 씨가 글 쓴 게 언제죠?

4·19 전에 도비를 가지고 석물을 그래 한 기라요.

5·16나고 난 뒤에 유족회가 용공단체로 몰려서 여러 분들이 잡혀가셨잖아요?

당시 유족회 간부들, 회장하고 총무하고, 간부들 여덟인가 아홉인가 고래 잡혀가고, 그 뒤에 한 달 넘어가는데, 박영보 살인사건 고발이 들어와가지고 잡혀 들어갔어요. 그때도 잡혀간 사람은 잡혀가고, 안 잡혀간 사람도 있고…. 그래 자꾸 잡아들이고 하니까 유족들이 나는 유족 아니라고 도망가고…. 그 당시에 그란 기라요.

나는 그때 잡혀가서 경찰서에 한 달 있었을 겁니다. 거서(경찰서에서) 조사 한번 받고, 또 진주형무소로 갔어요. 진주형무소 가니께 군법으로 가야 된다 카는 기라. 그래 부산에 가서 우리는 (재판을) 받았어.

군사 재판을 받으셨습니까?

형무소에 갇혔어도 조사 같은 것은 군검사, 군판사가 군법에서 처리하지. 내가 군검사한테 신원사건 난 거 이야길 하니까 "그럼 혼자 가 때려죽이지 와 여럿이 가 때려 죽이노? 혼자 때려죽이나 여럿이 죽이나 죄는 똑같이 받는데…." 그래 내가 "박영보를 죽이려고 한 게 아니고 몇 가지 물어 보려고 잡아가지고 올라오는데, 경찰 서장이 유족이랑 이야기 하다가 그리 돼 버렸다고, 경찰이 죽였는가, 우리 유족이 죽였는가 모른다꼬…."

그때 3년 6개월에 2년 집행유예인가 그래 받았지요. 무죄 나온 사람은 무죄 나오고…. '나는 안 갔다' 그 카는(그렇게 말하는) 사람은 무죄 받고 그렇게 됐어요.

그래가지고 그 세월 다 가버리고, 나도 이래 죽다 살아나고…. 이게 완전히 해결되는 걸 보고 죽고 싶다 그 말밖에 없어요. 배상이 돼야 말하자면 완전 명예회복이 되는 게 아닙니까? 돈 많이 주든가 적게 주든가, 되는 걸 보고 죽으면 싶은 그 맘 밖에 없어요. 이적까지 우리는 살아봐야 산 것도 아니오. 이 사람한테 고초 받고 저 사람한테 고초 받고, 우리 신원사람은 유족 아니라도 신원조회 해가지고 좋은데 못 갔는데요. 신원조회에서 다 떨어져 버리고…. 그게 사람 사는 겁니까? 너무 억울해요.

저는 문병현이라고 하고 1927년에 대현에서 태어
나 살면서 농사짓고 그랬지요. 6·25 나던 해인데, 그
해는 농사가 모두 잘 되었어. 공비 토벌 들어오고 그
러니까 불안한 거라. 저녁 되면 산에 있는 인간들이
와서 보급투쟁 간혹 나오거든.

젊은 사람 보고 따라가자고 하면 안 따라 가는 사
람이 누가 있어요? 토벌대가 또 짐 지고 가자고 하면
거기도 따라가야지요. 그래서 아버지가 집에 있지
말라고 하는 기야. 농사지을 때 되거든 오라는 거야.
설 머리에 갔어요. 새배인사는 안하고 여기 있으면
안된다고 못 있게 하더라고. 처음에는 산청 정남이
라는 데, 외가 고모 있는데 거기 갔습니다.

문병헌·정점주

4·19 땐 유족세상, 5·16 땐 죽은 기라

하도 어처구니 없어 눈물도 안나와

(외갓집에 있는데) 불 지르고, 사람 다 죽였다는 소문이 들려요. 군에 간 사람 가족이나 학살하려고 사람 고를 적에 면장 박영보하고 지서장 박 대성이하고 거기 있었거든. 그래서 자기들 아는 사람 가려낸 기라. 그 래서 나가려고 하는데 못 나가게 한 거라. 무슨 군인 가족이 이렇게 많 냐고…. 그래서 그 이튿날, 닷셋날 가두고 엿셋날 죽였지. 도망이라도 갔으면 좀더 살았을 텐데. 관료들 가족들이 나와가지고 갈 데가 어디 있어요? 동네 불 다 질렀는데….

학교에 잡혔다가 나온 사람들이 있으니까 소문이 그 이튿날 났어요. 군경 가족 중에도 죽은 사람들이 있어요. 군인 가족 아닌 사람도 군인 가족 평계대고 나온 사람도 있고. 김용재 (어머니) 같은 사람은 신원국 민학교로 소를 몰고 가는데, 소 달라고 하는데 안준다고 길가에서 총에 맞아 죽었거든.

그래 계엄령이 선포되고 집으로 가지도 못하고 있었지요. 그래서 소문 들으려고 날마다 오는 사람한테 묻는 거라. 결국은 사람들 다 죽고, 불 다 질렀다고….

그래 있다가 시체 치운다고 두어 달 지나서 (현장에) 갔어요. 까마귀 떼가 '확' 날아가고…. 사람 죽여서 산을 파서 흙을 덮어놨는데, 전신을 짐승이 파고 그랬는데, 가보니까 하도 어처구니가 없어서 눈물이 한 방울도 안나오더라고…. 그래서 손도 못 대고 3년간 그대로 나뒀어요.

개인이 가서 하나도 찾을 수가 없거든요. 그때 우리가 사진이라도 하나 찍었으면 되는데, 사진 하나 찍을 줄 몰랐어. 나중에 화장을 하는데, 개울가에 나무를 갖다 놓고 골짜기에 있는 걸 다 파내서 모아가지고, 태워서 지금의 박산·묘지로 이장했어요. 그때가 음력 3월 3일, 청명 한식이었습니다. 양력으로 4월 5일입니다. 한 3일 동안 그 일을 했지.

그리고 5·16 나고 나서 봉분 없앴는데, 그 이후에 5년 있다가 국회의원한테 달려들어서 비석은 못 세우고 봉분만 만들었지요.

한 푼 두 푼 모아서 위토 마련

그러니까 54년에 남자, 여자, 아동, 세 개로 봉분을 만들었고….
두개입니다. 소아는 가묘입니다. 비만 있지요.

이장을 하고 제문 같은 것도 읽고 했습니까?
했지요. 김병기 씨가 잘하거든요.

그때는 방해 받지 않았습니까?

네. 그런 것은 없었습니다. 그 이후 거창사건 억울하다고 쓴 사람들 방명록 다 있지 않습니까? 면의회에서 적어놨다가 올리는 거라.

추진위원회는 53년부터 활동을 했나요?

비 세우는 거는 추진위원회에서 다 돈도 거두고 했어요. 그때 추진위원회 대표는 김희주였지요. 그때는 면의회라고 있었거든. 의장은 김희주고 면장은 변영제라. 변영제 면장이 처음에 많이 욕을 봤구만.

비가 세워진 것은 60년 11월쯤이 되는 거죠?

원래 이은상 선생이 비문에 서기연도를 썼더라고. 면에서 단기로 고쳤지. 신중목 씨가 학자는 앞으로 어떻게 되는지 알고 세계공통연호를 쓴 것인데 함부로 고쳤다고 책망하더라고.

(문병현 씨가 모아놓은 자료를 보며)

신중목 씨가 비문 부탁한 내용이 여기 적혀 있네요.

그 뒤에 몇 년 지나고 나서 이은상 씨한테 꿀 한단지씩 갖다 줬어요. 그 이후에 몇 년 지나고 나서 돌아가셨지요. 신중목 씨 거창사람 때문에 욕봤구만. 거기는 83~84세까지 살았는데, 언제 죽었는지 안 적어 놓으면 다 잊죠.

이번에 다 정리하고 난 뒤에 역사관으로 가야겠네요. 이 문서는 뭐지요?

우리가 나락 걷어가지고 위토하려고 논 산 것입니다. 유족들이 다 나락을 내어서 모았어요. 55년에 나락을 모아서 56년도에 위토를 샀어요. 2년 동안에 두 필지를 우리가 샀거든. 뒤에 한 필지 더 샀어. 5·16 나고 나서 싹 다 팔아버렸어요. 합동묘소를 위해서 위토를 산 것입니다. 우리가 모아서 논도 사야 제사를 지낼 비용도 장만하고 그러거든. 54년에 이장을 하고, 55년에 농사를 짓고 가을에 나락을 걷어서 논을 샀어요.

지금은 (위토가) 없어요. 우리 뒷바라지 하느라고 다 팔아 넣었어요. 거창경찰서에 와가지고 진주형무소로 갔다가 서울로, 다시 부산 내려 왔다가 부산 군법회의에서 재판받았어요. (우리가) 죄진 게 뭐 있어요? 없는데, 유족회를 반국가단체라고⋯.

그리고 이건 1960년 11월 18일에 우리가 비를 세울 때 자료입니다.

4·19 땐 유족세상, 5·16 땐 죽은 기라

그때 5월에 처음 세우려고 하다가 박영보 사건이 난 거 아닙니까?

추진위원회가 그 60년 봄에 결성을 했거든요. 사고는 (석물을) 산소로 운반할 때 났어요. 제막식을 하려면 산소로 운반하고 나서 해야 되거든. 유족들이 전부 산소로 운반해 놓고는 술도 먹고 이래 놓으니까.

그때만해도 우리들은 아무것도 몰랐거든. 이렇게 억울한 것을 당하고, 기록이라도 남기려고 써둔 것입니다. 내가 서울 다니면서 건의하고 그런 것을 써놓은 것입니다.

석물을 운반하고 유족들이 박영보 씨 집으로 막 몰려간 거죠? 그래서 어찌 된 겁니까?

그래가지고 납치를 해서 올라왔지. 올라오다가 중간에서 지서장이 경찰서에 연락을 했거든. 그래서 동네에서 만났어. 그때 경찰서장이 와서 해결해주겠다고 하더라. 어떻게 해결해주겠냐고 모두 울거든. 그런데 누가 돌을 집어던졌거든. 돌을 집어던지니까 일시에 확 돌이 들어가버렸지. 그래서 타살해버렸지. 그래서 군인들이 막 오고 그랬어.

그때 모인 주민 수는 얼마나 됩니까?
한 100명 이상 되었을 겁니다.

한 명이 던지니까?
한 명이 던지고 막 하다보니까 우발적으로 순식간에….

그 다음에 진행이 어떻게 되었습니까?
4·19 나고 나서 유족 세상이거든. 5·16 나고 나서는 죽은 기라. 박영보 살인사건으로 잡혀간 사람이 17명 정도였지. 군법회의에서 집행유예 받고 나왔지요. 그런 엄청난 사고를 내놨지. 유족들이 모이면 주장을 하고 엄청났지. 신문에 많이 나고 기자들도 많이 왔지요. 사진도 많이 찍고.
그때 5월 18일에 잡혀갔습니다. 회장 신병목 씨하고 김재덕이하고

용재하고 그래 우리가 잡혀갔지요. 그래 진주로 갔다가 부산, 서울, 부산 고등군법회의에서 16개월 동안 내가 있다가 그 뒤에 정부에 대해서 아무 것도 말하지 말 것을 검사가 각서를 받데. 각서는 아무런 소용도 없다, 이거야. 나와서 소송해도 된다고 하고. 그때는 그런 줄 알지.

왜 이렇게 갑작스럽게 잡혀갔죠?

상부지시가 있었겠죠. 가니까 교원노조하고 밀수범하고 깡패 하는 사람들 많이 잡아넣었더라고. 가니까 묻는 말에 대답만 하라고. 우리가 행동을 한 게 아무 것도 없거든. 경찰부에 가면 최하 10년에서 무기 아니면 사형이라 해. 뭐 모두 죽은 줄 알았지. 서울 형무소 가니까 이강훈이라고 광복회장하던 어른이 "당신은 아무 죄지은 것도 없는데, 당신은 괜찮소" 해. 밀수범은 그 당시에 사형 당했어. 우리는 재판 몇 번 받고 하다가 집행유예 받고. 주범이 없거든.

유족회 건은 무죄판결 받아

잡혀가셨을 때 어떻게 지냈습니까?
말도 못하지 뭐. 유족이 도와주는 사람도 있고.

국회에서 또 오지 않았습니까?
국회조사단 여러 번 왔지요. 내 서울 많이 다녔습니다. 국회조사단
도 만났지요. 뭐 다 해준다고 하드만.

그러니까 박영보 건은 집행유예 받고, 유족회 건은 무죄 받고….
네. 그렇지요. 62년 7월 14일에 거창사건 유족회는 무죄 받고…. 무
죄를 받은 사람은 나가서 이야기하지 말라고 배동훈 검찰관이 각서를
받더라고. 각서에 우리가 도장 찍고. 지금이야 뭐 각서도 소용없다 이
거라.

어르신은 박영보 건과 관련되었습니까? 유족회 건만 관련되었습니까?
처음에 14일에 저를 안내놓데요. 살인사건이 미결이 되어서 그때
다 안나왔거든. 난 그 뒤에 나왔어. 박영보 건과 관련해서 집행유예
받았죠.

유족회 건과 관련해서 무죄 받을 때 피고인 유족들은 몇 사람이었어요?

살인사건 그거 겸해가지고는 열 몇 명 되었고, 처음에는 4~5명밖에 안 들어갔어. 그때 5월 18일에 회장하고 부회장 하고 간사 들어가고….

그때 무죄판결 받은 기록이 있나요?

(자료를 가리키며) 그 안에 다 있습니다. 유족회는 62년 7월 15일인가 다 나왔는데, 나는 못나오다가 9월 며칠쯤에 나왔어요. 그때 내가 부회장이라, 회장은 신병균이고. 잡혀간 사람들이 나를 다 밀어넣어서 전부 내가 했다고 하는데….

무죄판결 받았을 때는 기뻤겠네요?

기분 좋을 것도 없어요. 당연한 일인데….

법정에서는 뭐라고 얘기했습니까?

우리는 (희생자들을) 위령하기 위해서 있는 거고, 합동묘 쓰고 벌초하고 제사지내는 것뿐 딴 거 아무것도 없다. 한 게 있어야 반국가단체지.

나와서 거창으로 돌아갔습니까? 분위기는 어떻던가요?

분위기는 내나(이전과) 똑같죠. 내가 구속되어 들어갈 때 딸만 셋 낳았는데, 16개월 있다가 우리 장남을 낳은 기라. 그래서 63년생이죠.

그리고 87년도까지는 아무 일이 없었습니까?

우리 형무소 살고 나서는 별 일 없었습니다. 명예회복하려고 뭐 그런거….

군사정권 때에도 명예회복하려고 노력을 했습니까?

　박정희 대통령 때도 했는데, 묘를 팠으니 묘를 해줘야한다고…. 국
가재건최고회의 의장 비서실장 윤필용이가 답을 했는데, 저희한테는
해당 안된다고 딴 기관에 문의하라고 그래 통지가 왔더라고.

그럼, 노태우 정권 때 와서 본격적으로 모여서 명예회복해달라고?

　민주화추진위원회하는데 내가 갔다고. 나는 방청객으로 간 거지. 우
리는 그때 진정서를 넣었지. 그런 건 전부 소용이 없어. 나중에 진정서
가 전부 돌아가지고 거창군수한테 갔는데 뭐….

희생자들의 억울함을 일기로 기록

(문병현 씨가 모아놓은 자료를 보며)

**이 서류는 60년도에 박영보 씨가 죽고 난 뒤에 기자들도 오고하니까 전
체 진상이 이렇고, 우리를 처벌하려면 가해자도 처벌하라는 취지에서 써
놓은 글이네요?**

　예, 전부 제가 썼습니다. 1960년, 그때 제가 서른 대여섯 살 되었죠.
25세에 사건이 나고 10년 후에 그걸 썼거든요. 10년 후인데, 군사정권
이 우리를 잡아넣고 우리가 나오고 나서도 얼마나 우리를 뒷조사를 하

고 그랬는데···. 우리가 징역 살고 난 뒤에 정부에 대해서 항의 안한다
는 내용으로 각서를 쓰라고 하더라고···. 그래서 각서를 쓰고 그래 나
왔거든. 나오고보니 각서 그거 소용없고, 하고 싶으면 해도 된다, 이거
라. 징역 산 것도 찾아 먹을 수 있다고···. 각서 쓴 거 아무것도 아니라.
그렇게 순진한 사람이 어디 있습니까?

　내가 이런 글들을 한 10년 동안 썼더라고···. 내가 유족회를 34년 동
안 하면서 회장도 하고 앞장서서 했습니다. 내가 위령제를 지낼지 몰
랐거든. 여기 희생자들은 다 박산골 희생자들이거든. 탄량골, 청연골
은 다같이 희생을 당했어도 단결이 안 되고, 묘를 찾아 놓으니까 하다
가 희미하게 되고 말았어요. 우리는 묘를 써 놓으니까, 합동묘를 해 놓
으니까 해마다 벌초하고 관리했습니다. 그래서 96년도인가 이래서는
안된다, 합쳐서 위령제를 지내자. 그래서 국회의원도 부르고 서울을 많
이 오르내렸습니다.

　이 사진은 누가 찍은 겁니까?
　모르죠. 행사할 때 찍은 사진은 거창 군청에서 달라 해서 줬더만, 돌
려주지도 않고 사람도 바뀌고···. 나락 낸 사람도 거의 다 죽었어요. 내
위에는 권도술하고 문홍한이하고 둘이 살아있어요. 다 죽었어요.

　한시(漢詩)도 있네요.
　형무소 안에서 지은 겁니다. 허재현이라고 죽은 처하고 제부라. 나
머지는 김은수 씨가 지은 거죠. 같이 옥살이한 사람이에요.

이거는 선생님이 쓰신 일기인가요?

일기 쓴 거를 복사한 겁니다.

글을 늘 쓰시는 모양이죠?

지금은 도저히 눈이 어두워서 보지도 못해요.

그런데 묘를 건드리는 건 언제입니까?

우리를 다 잡아넣고 묘 팠는데 뭐. 묘 파라고 해서 그래가지고 이장하라고 해. 개장명령서 내려와서 파라고 하는 거라. 우리 잡아넣고 비석파고, 봉분도 파고 해서 사진 찍어 놓은 거지. 그래서 5년인가 방치를 해 놓았다고. 그래서 풀이 마 엉망이지. 그러고 나서 우리가 국회의원에게 이래가지고는 안된다 해서 진정서도 내고 해서 봉분은 했는데, 비는 못 파내고 있다가 27년만인가 파낸 거지.

봉분 있던 걸 뭉개버린 사람이 누구입니까?

유족들이 그랬죠. 지금 생각해보니 이중화라고, 그 주임이 유족들 모아가지고 파라고 해. 즈그들도 와가지고 파고.

비석에 글자를 쪼은 사람은?

누가 했는지 모르겠어요. 내가 없었는데. 거기 모인 사람들이 했겠지요. 지서장이 시켰어요.

'1961년 6월 15일에 상부에서 이장하라고 하였으나 원통하기 짝이 없어 경찰관 입회 하에 봉축과 위령비만을 제거하고, 유해는 그 장소에서 하늘의 비를 그대로 받고 있는 실정이므로 유족들이 선현을 위하는 심정으로 대통령과 국회의장에게 원상회복을 원한다' 는 글이 있습니다.

허가를 해 줘야지. 또 부수게? 우리 마음대로 할 수가 없으니 집권자들이 뭐, 법으로 해놨는데 집권자들이. 우리 마음대로 할 수 있어요? 그래 봉축을 다시 하라는 명령이 내려와 했고, 비는 못 파내고 있다가 27년 만에 파냈다고….

농사지으면서 불탄 집을 새로 개축

51년도에 가족 중에 누가 돌아가셨습니까?

아버지, 어머니, 처, 아들, 여동생, 이렇게 다섯 명 죽었습니다. 걱정을 하고 그래서 그렇지 나는 편하게 있었어.

박산으로 돌아갔을 때 마을이 다 불타있었습니까?

재실하고 몇 개 빼고 다 불타있었지요. 6개리를 다 태웠지요. 1개리에 두 동네도 되고, 세 동네도 되거든.

산청에 피난 갔을 때는 군인을 본 적이 없습니까?

못 봤지요.

51년에 돌아와서 불탄 집을 고쳤습니까?

한 1년 있다가 지었지. 가건물로 해놨다가 살아오면서 새로 지었지. 그래 잘 데가 없으니까 사촌 누이 집에서 살았죠. 대현리 사촌 누이집 아래채에 살았지요. 아래채가 남았지요. 형편 봐가면서 큰 채를 짓고 68년에 부산 내려오면서 팔아먹었지요.

사건 나고 집이 불탄 뒤에 어르신처럼 사람들이 주변 친척집에 많이 갔나요?

합천도 가고 산청도 가고…. 그 해 피난간 데서 넘어 댕겼지요.

어르신처럼 51년에도 사람들이 집을 다 못 지었겠네요.

다 못 지었지. 농사 지어 가면서 몇 해 동안 지었지요.

소는 다 가지고 있었습니까?

우리도 소를 가지고 있었는데 군인들이 살집 좋은 놈들은 다 잡아먹고…. 다 못 잡아먹으니까 군(郡)으로 넘겼는데, 거기서 각처로 배분시켰어요. 그 뒤에 찾으러 오라 했는데 찾은 사람도 있고, 못 찾은 사람도 있는데, 나는 못 찾았어.

진저리가 나서 사람들이 바로 이사가버리고 그러지 않았어요?

그때는 이사갈 데가 없었지요.

그때 주민들 사이는 어땠습니까?

우리 동네는 분위기가 좋았지요. 임주섭이라고 그 양반이 면장을 두 번, 세번 하고, 전투대장도 하고 해서 빨갱이들한테 반동으로 해가지고 피난했어요. 동네 사람한테 잘해줘서 우리 동네에서 피난시켜 줬지요. (동네 사람들한테) 참 잘했어요.

거창사건으로 죽은 군인은 한 명도 없어

그때 산사람들이 왔습니까?

간혹 왔지요. 자기들도 먹고 살아야 되니까 양식 떨어지면 오죠.

직접 만난 적이 있습니까?

젊은 사람들은 빨갱이 들어오면 집에 못 있어. 다 도망가야지. 나도 51년에 콩 농사지어가지고, 종형하고 큰 방, 작은 방 살고 그랬는데, 산청 사람인데 지금은 우리 사돈이 되었지. 그 사람이 방위대 대장인가 하면서 빨갱이 들어온다 이거라. 그래가지고 그 사람들(방위대도) 총들고 도망을 가버리고, 우리도 숨어버리고, 이러니까 콩농사 지어 놓은 거, 콩 남은 거 싹 다가져 가버리더라고.

사람들을 끌고 가거나 그러지는 않았죠?

그러지는 않았지. 데려가봐야 즈그도 골치 아프거든. 그래서 끌고 가지는 않았어요. 거창사람들 중에 따라간 사람이 있었는가 몰라. 인민공화국 때는 간 사람도 있었고.

신원이 인민공화국에서 국군 쪽으로 완전히 넘어간 때가 언제입니까?
수복할 때 좀 늦게 들어왔지.

12월에는 들어와 있었지요. 50년 12월 5일에 지서가 습격당하고….
그거는 산청에서 빨갱이들이 넘어 와서 하루종일 안그랬소? 그때 사람이 몇 죽고…. 신원 들어와서 군인은 한명도 죽은 사람 없어요. 허위보도에 의하면, 군인이 몇 죽고 하는데, (죽은 사람은) 하나도 없습니다. 죽었으면 연금이라도 타먹지 안타먹겠어요? 그런데 12월 5일날 전투하다고 죽은 사람, 경찰이 몇이 있어.

12월에는 지서가 어디 있었습니까?
지금 있는데 거기 있어. 면사무소 밑에….

그때는 대현에 계셨죠?
대현에 있었지. 저녁에는 군인하고 같이 불 놓고 경계하고 그랬는데. 나도 난리 나고 나서, 군에 안가면 안 될 거고, 이러다가 안 되겠다. 내 혼자라도 살아야 가정이라도 이루고 후손이라도 정하지, 그래서 전투대에 들어갔지. 서남지역 전투경찰대 편입되어서 나는 군에 안가고 말았어요. 전투경찰대 거기 종사했지.

그러면 12월 달에 습격당할 때는?

그때는 내가 전투대 안 들어갔고, 그 뒤에 사건 나고 나서 내가 들어 갔지. 지서에서 전투대 한번 소집해가지고 어디 가자고 하대. 소집자 는 나중에 향토방위하도록 도로 데리고 온다고. 그래 따라 가다가 가 만 보니까 전쟁은 해야 되는데, 어떤 놈 데려다가 전쟁시키겠노? 가다 가 마 줄창 도망을 가버렸어. 지서서 데리고 가다가 하나도 못 데려갔 거든. 그래 중간에 도망친 사람들은 잘했다 그래. 그래가 그게 전투경 찰로 되어가지고….

출소 뒤에도 유족들을 감시

51년에 군인들이 재판 받는다는 이야기는 들은 적 있습니까?

국회조사단이 들어오는 거 방해했다는 얘기만 들었지 군인들 재판 받는 거는 몰랐지요. 우리 유족들은 아무것도 몰랐는데, 73년도인가 74년도인가 김원기 국회의장이 있었는데, 그 양반이 《동아일보》 기자 로 있었어요. 그때 쓴 게 이십 몇 호인가 있었는데, 재판한 것도 김원기 기자가 신문에 내서 알았지 우리는 아무 것도 몰랐지요. 그래야(재판 받 아야) 뭐 이승만 대통령이 다음 해에 다 특사로 내보내줬는데….

그 뒤에 4·19때 국회의원하던 사람은 누구지요?

4·19 때 신중하였던가. 그 사람 그 당시 국회의원인데 조서도 하나 안 남기고 입으로, 구두로 하고 말았다고. 그만치 겁을 낸 기라.

이승만 정권 때는 탄압이 없었네요?

탄압은 없었지요.

51년도에 군인들이 일부 처벌을 받고, 54년, 55년 유족회가 활동을 할
수가 있었고, 61년도에 유족회 활동에 제동 걸려고 잡아가서 결국 무죄판
결을 받고 그 뒤에 요시찰했다고 했잖아요. 어떻게 했나요?

요시찰 많이 했지요. 죄지은 것도 없어. 촌에 사는 사람 뭐 농사짓고
사는데 뭐. 지서를 통해가지고 다 디비(뒤져서) 살핀데. 요시찰 받던
사람들 다 죽었어요.

잡혀갔다가 나온 뒤에 경찰이 찾아온 적이 있습니까?

살피는 가는 몰라도 우리한테 공식적으로 찾아 온 것은 없었어요.

방송국이나 신문사에서 많이 취재를 해갔네요?

우리 집에서 사진도 찍고 촬영도 하고 그랬는데 하고 나면 그만이
라. 부산방송에서 와서 촬영 다하고 했는데 아무 것도 없데요. 《조선일
보》조갑제도 우리 집에 여러 번 오고. 내 서울에 조갑제 찾아가가지고
사진도 같이 찍고 그랬는데….

저는 이일우라고 하고, 그때 중학교 1학년이라요. 그러니께 열다섯 살인가 잘 모르겠다. 지금은 칠십 둘이라요. 그 당시에 나는 소야라 카는 부락에 살았어요. 와룡면 소야…. 인제 아버지, 어머니 따라 차황으로 피난을 갔어요. 불 나고 나서 고마 차황으로 넘어 갔었는데, 인자 불 날 적에, 우리 집에 그때 머슴이 있었어요. 농사 짓는 머슴이 있었고….

음력으로 초닷샛날 군인들이 불을 질렀는데, 우리 집이 제일 뒤의 집이라서 늦게 불이 붙는 기라. 그래 아버님이 고함을 지르고, 한 50m쯤 돼. 거서 물 가져와서 나락 부시(철망)에 물을 적시는 기라. 그때는 부시가 커 가지고 나락을 늘 넣는 기라요. 아버지가 이거 불 끄라고 고함을 질러서 머슴도 하고(불 끄고), 나도 그라고(불 끄고) 하다가 나중에는 급하니까, 그때는 시골에 뒷간 보는 소왕이 큰 게 있었어요. 소왕물, 그런 게 비료지 다른 비료가 없거든요. 그때 마침 아버님께서 보리 갈고 나서 다 뿌리고, 빈 데다 물만 한 그슥(한 가득) 채운 기라. 그래 가지고 나중에는 거 들어가서 퍼내는 기라요. 그래 가지고 연기 안 날 때까지 물 끼얹어 퍼 부었어.

이
일
우

우리가 고소할 정신이 어디 있었겠소

군인들 눈 피해 소왕 안에 숨어

그래 해놓고 고마 힘이 빠져서 우리는 할 수 없이 차황이라 카는데, 큰집이 거(거기) 있어서 거(큰집에) 가 있응께네, 우리 형님은 방위대 댕긴다고 빨갱이 놈들이 날마다 온다고 카재. 거(그래서) 할 수 없어 차황 궁소로 갔어요. 외사촌형님도 방위대에 댕기는 기라. 그 집에 간께네 (가니까) 아이고, 우리를 짐짝으로 여기는 기라. 이거 큰일났다 싶어가지고….

참 그래도 외삼촌이 점잖은 분이라. 저녁만 되면 짚단에 숨으라 카는 기라. 짚더미를 두둑이 재 놓고…. 그 안에 짚단을 품어가지고 문매로(문처럼) 이래 놓고, 아버지, 어머니, 나, 동생들하고 그 안에 피난을 하라고 하는 기라. 신원에서 왔다고 하면 이상하게 생각하니까 고마 그렇게 했어요. 그러다가 아버지 모시고 이제 고향에 성묘도 하고 집 불 탄 게 어찌 됐나 싶어 보러 온거야.

성묘하고 내려와서 아침 일찍 넘어왔어요. 넘어올 때 컴컴할 정도로
고마 일찍 출발했어. 오니까, 부시를 이래 파보니까, 위에는 이래 이만
치 있응께 누룩누룩하니 눌었고, 타 버렸고, 밑에 탄 것은 입으로 깨물
어보니께 나락이 먹을성 싶어요. 그때 아무것도 묵을 게 없는데, 숟가
락도 없고….

그래 인자 아버님께서 가만히 이래 보고 있더니만 내 이름을 부르면
서 큰일났다 카는기라. 그래 보니까 군인들이 총을 쏘면서 부산하니
막 위에 동네서부터 내려오는 거예요. 조성제가 저그 집에 가서 그 집
식구 데리고 내려오고…. 우리는 거기서 집이 조금 떨어져 있거든요.

아버님도 예감이 참 있는 분이라. "안된다, 숨어라, 절대로 따라가면
안된다." 아버님은 흰 두루마기 입었고, 나도 인자 검은
두루마기 입고 그랬지만도, 물을 다 퍼 썼으
니까 소왕으로 들어가신기라. 소왕으로
들어가서 불탄 거적하고 얄구지게(얄궂
게) 덮어가지고 아버님 숨귀놓고(숨겨놓
고), 눈이 조금 와서 눈 치우고 나도 뒤
로 쏙 들어가서 그래 살았어
요. 나는 군인을 안
따라 갔거든. 인
자 그 때만
해도 아

버님이 참 예지가 있는가.

뒤에 따라 들어오면서 발자국 뭉개고 온께, 군인들이 우리 집에 와서 워커 신고 지랄들하고 '비웠다, 없다' 카고는 가버리더라라고. 그래도 못 나와가지고…. 그 세워놓은 잿더미, 그런 게 날아 들어와서 입도, 코도 새카맣고…. 그래도 겁이 나서 몬 나가는 기라. 뭐시(뭐가) 있는가 싶어 못 나오는 거야.

그때 아침 일찍부터 가가지고, 그때 여덟시 반이나 아홉시, 열시 정도 됐을 거야. 그때부터 해질 때까지 그 밑에 있어 놔 놓으니 아버님 눈

이 시커멓고, 숨을 쉰께 코에 재가 날아와서 (아버지도) 새까맣고, 나도 새까맣고…. 그래 나와가지고 뭐 배고픈 그런 것도 모르겠고….

고마 아버님이 나를 살살 잡아 땡기는 기라. '가자, 가자'. 그래가지고 산을 넘었는데, 이 황매산을 들어가버렸어. 그때는 동네에 전깃불도 없거든요. 황매산 넘어 반은 올라갔어. 그래 거서는(황매산에서는) 더 올라가면 안되거든. 그래 인자 정신을 차리고 살살 내려와서 상법리, 큰 동네 가니까·한 새벽 두시 정도 됐더라고. 해 질때부터 간 게…. 거리는 얼마 안돼요. 한참을 가면, 30분이면 갈 수 있는데….

그래서 우리는 피난을 했어요. (군인을) 안 따라가고…. 따라갔으면 그때, 아버지와 나하고는 희생이 됐을 거예요.

빨갱이 아니란 걸 증명하려고 국민투표 100%

인자 그래 됐고, 고초나고 나서 국민 정서가 신원 사람은 친구도 안 되고, 신원 사람들은 앞으로 출세를 시키면 안된다고…. 읍에서부터 우리를 참 깔보는 거에요. 읍의 유지들, 이런 사람들하고 이야기해보면 신원사건이 억울하다는 사람이 별로 없어요. 그때 거창사건을 잘 아는 사람이 별로 없었어요. 그래는께네 아까도 내가 이야기 했지만 오죽했으면 국민투표할 때 우리가 100% 했어요. 99%가 아니라 100%라. 박정희 시대 국민투표를 몇 번 했거든요. 그걸 열람해보면 우리가 100%에요. 글을 몰라서 그렇지 절대로 우리가 빨갱이가 아니라는 걸 증명하려고.

그러니까 여기는 사람들이 뿌리를 내리고 살 곳이 못된다 카는 것을 인식을 하는 거예요. 사과나 이런 경제성 있는 걸 심어야 하는데, 사과 심으려면 돈이 많이 들제, 팔러 갈 차가 있어야 하제. 우리는 요사이 와서 그냥 밤을 좀 심었어요. 밤을 심은지 한 30년 됩니다. 밤, 이거는 우리 신원 사람들이 알뜰히 했어요. 아마 전국에서도 우리가 밤을 취급하면 거의 1등? 부여나 공주나 저런데는 경제력이 잘하는 되지만은 우리 촌에는 가꾸는 그런 기술이 별로 없거든요. 하늘이 주는 그대로 우리가 묵고 살고 그러는데….

그래도 밤농사가 한창 잘 나올 때는 5억씩 나왔어요. 신원면 전체로 금년은 2억뿐이 안된대요. 밤 값이 줄었지. 또 밤 하는 사람들이 노쇠하지. 이러니까 많이 못 가꾸는 기라. 그래도 여서(여기서) 아들 공부시켜가지고, 그놈(밤 판 돈) 가지고 살아왔어요.

나는 거창사람 아이다

우리는 지금도 신원 여기 살아 뭐 하겠노? 장래성이 없다. 그런 거 할 필요가 뭐 있노? 전부 이런 마음이에요. 사람들이 이런 마음이 생긴 게 전쟁의 후유증이에요. 신원사람들은 우리가 뭐 여서 살겠느냐?

나도 솔직히 미안하지만, 큰아들이 서울대학 나오고 작은아들이 한국외국어대학 영문학과 나오고 지금 중국에 가 있는데, 그놈 둘 다 여기서 퇴거시켜 내가 아는 사람한테 주민등록을 시켰어요. 우째 생각하면 나도 나쁜 사람이지요. 내 혼자만 살라고. 아버지가 진주에 (주민등록을) 해 놓으니까 진주 사람인 줄 알고 거창 사람 아이다(아니다), 그래 생각하는 기라. 동창회에 가도 신원 사람이라 카면 안되는 거예요. 나는 진주 사람이다….

우리가 고소할 정신이 어디 있겠소

참 사는 게 무섭습니다. 유족회에서 그때 왜 신원 사람들이 일찍 소송을 안 하고 그랬느냐고 카는 걸 대변하라고, 나하고 김한우라고 하는 사람하고 갔는데, 그래 변호사님 한테 "우리가 그 당시 공화당이라 해도 깜짝깜짝 놀래고, 지서장 뭐 이런 사람만 와도 고마 우짠일인고(어쩐일인가) 싶어 정신을 못 차렸는데, 우리가 고소할 정신이 어디 있겠소? 또 누가 우리를 바로 보는 사람이 있었습니까? 변호사님 처가가 가조라 카지만 가조 사람들한테 물어 보이소." 그때 박준석 변호사라. 그 사람이 그래도 우리 고소 받아 주고 자기가 싸워 주더라고요.

그래도 그 사람은 우리를 받아줘가지고…. 그래도 우리는 (사실) 그대로 이야기했거든요. 그때 판사들도 그 시절이 그렇다고, 그랬는데(그렇게 말했는데)….

뭐, 보상 이런 것보다도 깊은 상처를 받아 놓으니까 내 고향을 고향같이 안 여기고 고마 이걸 면하고 나가야 된다 카는 그게 머리에 박혀 있어요. 그러니 신원초등학교도 학생이 유치원생까지 업어도 30명밖에 안되고, 중학생도 27명 밖에 안되고….

지금도 여기서 국민학교 다녀도 될 만한 사람은 읍으로 다 나가 버려요. 그게 전쟁 후유증이요. 그런 마음이 전쟁 후유증이요. 이철수라 카는 사람은 나랑 동기고, 이철수는 이름을 이상덕이라고 바꿔서 살았어요.

그러니까 신원 여는(여기는), 내 또래되는 사람들 중학교 나오고, 고등학교 나온 사람이 별로 없어요. 그러니까 신원면은 발전도 하기 어려웠고 그랬었어요.

구구절절한 이야기는 다 할 수도 없고…. 그래 나는 인자 아버님 그 하는 것이 어찌 고맙고, 지금도 아버님이 어찌해서 날 살렸는고 싶어서…. 우리 집안이 그때는 아버지 육촌이 한 일곱 명, 여덟 명 살았어요. 아버님 나이가 올해 지금 구십 두살인데, 그때 그 사람들이 다 있고 해 놓으니까, 해방이 되고 나서 점심만 해 주고 그래도 우리 집 와서 일을 해 줬어.

불탄 집과 똑같은 집을 지어 보존

그래 집을 참 잘 지었어요. 그 집이 소실이 됐어요. 그래서 아버님이 억울하셔서 그 주춧돌에 집을 똑같이 지어놨어요. 그래 지어놨는데, 내가 그 집을 비우고 있습니다. 나는 와서 살고, 내 동생 놈들은 한 놈은 경찰이고, 한 놈은 마산고등학교에서 선생 하다가 교감 됐다고 하는데, 밑에 아들놈들도 여(여기 집에) 오는 놈 없어요. 그렇께 그 집을 일어날 기(起), 용 용(龍), 기룡재라고 해가지고 내가 보존할 거예요. 아버님을 위해서…. 아버님을 생각해서 절대 일어나야겠다, 뜯어도 안되고 태워도 안 되고…. 집이 괜찮아요. 네칸인데, 지금 집을 사가려는 사람이 있어도 내 죽기 전에는 절대 못 판다. 다음에라도 집을 조사한다 그럴 때, 그 당시에 소실한 걸 알 수 있을 거예요.

나 죽기 전엔 불탄 집 못팔아요

그러면 12월 5일 이후에 집이 소실되고, 피난갔다 바로 와서 다시 집을 지었나요?

난리나고 바로 못들어오고, 우리 아버님이 혼자 오셔가지고 골목에다가 윤판집을 지었어요. 윤판집이라 하면, 나무를 이래 걸쳐가지고, 흙 발라가지고, 그 간단하거든. 구들은 전에 있는 집 구들이고, 그러니까 불만 때면 되고…. 윤판을 이래 해 있었거든요. 그렇게 해서 있었는데, 아버님 혼자 농사를 짓는데, 그 집을 지으면서도 흙을 세번 바르고, 네번째 발랐어요. 집을 잘 지으려고 흙을 바르면, 그 빨치산들이 오니까 안된다 이래가지고…. 한번 와서 흙 발라놓으라 해서 흙 발라놓고, 또 한번 와서 고마 흙 발라놓으면 안된다 캐서 흙 뜯어버리고…. 그래 집을 흙을 네번째 발라가지고 완성해 놓은 거예요. 그 전에는 윤판을 해서 아버님 혼자 농사를 지으면서 저녁에는 차황으로 넘어가고 낮에는 거(거기) 와서 농사짓고, 그래 했어요. 그 불나고 나서 이듬해부터 농사 짓기 시작한 기라요.

그러다가 그해 가을에 집에 완전히 들어갔어요. 그 이듬해, 52년 가을에 들어갔어요. 그때도 지서에서 와서 "이 집은 나중에 빨갱이들이 와서 자고…", 그래 쌌어요(그렇게 말했어요). 그래도 인자 어떻게 해서 그때는 차황 형님이 방위대 댕기고, 고종 형님도 차황 방위대 댕기고 이러니까 그 사람들이 힘이 셌었어요. 그 사람들이 방위대들한테 이야기 했는가, 그래서 우리집에 들어갔어요.

그러면 51년도에 불탄 집에서 아무도 못살았다는 거죠?

못 살았지요. 아무도 못 살았어요. 그래 그 이듬해 봄이 되니까 농사를 지으러 갈 수 있게 되는 기라. 농사 지으라 캐서, 아버님 혼자 들어갈 수는 있다는 거야. 모대를 해서 들어갔어요. 모자리는 상법리 큰집 논 옆에 모자리를 하고, 모는 차황 방위대들이 하루 지고….

아까 읍에서부터 깔본다고 하셨잖아요?

지주 급에 있는 사람들이 아무래도 신원 사람들이 아무래도 빨갱이 짓을 했기 때문에 그런 난리가 나지 않았겠느냐, 그런 선입관을 가지는 기라. 내가 면장하면서도 곤욕을 많이 당했습니다.

면장은 언제 하셨지요?

80년부터인가 해 가지고 18년 했습니다. 그러니까 애들 공부시키려고 군수가 말로 괄시해도 '예예' 하고 굽실거리고 살았어요. 한번도 큰소리 못치고 엎드려가지고 살았어요. 아들(아이들) 공부시키기 위해서….

그래도 공개적으로 빨갱이라는 얘기는 안했지요?

공개적으로는 그리 하는 사람 없었어. 그래도 술 좌석에 우리를 앉히면 아니 땐 굴뚝에 불 나겠나, 그런 식으로 이야기하거든. 숨이 탁탁 막히는 기라요. 우리가, 열 다섯살 먹은 게 빨갱이를 어찌 알겠소?

나이는 올해 64세, 이름은 임호섭, 주소는 신원면 대현리고, 그때 할머니가 돌아가셨어요. 할머니가 우리 집 식구들 다 피난시키고 본인은 그 박산골에 와서 세상 뜨셨습니다. 그 당시 저는 국민학교 1학년이었는데 사건으로 인해서 (학업을) 중단했다가 1년 후에 복학해 가지고 다시 다녔고…. 줄곧 신원에서 자랐으며, 외지에 나간 건 부산에 가 가지고 4년 정도 있던 게 다입니다. 그래가지고 신원에 돌아와서 계속 있었는데….

임호섭

거창사건은 무지 · 무고 · 무법의 3무사건이라

명예회복 활동의 흐름

하고 싶은 말은 유족들 전부 다 하는 얘기가 억울하다는 거, 자신들의 억울함만 이야기하고 뭔가 명예회복에 대한 실마리는 아예 찾을 생각도 안했습니다. 1987년도 노태우가 6·29 선언을 할 당시까지도 유족이라는 말을 갖다 쓰는 걸 꺼렸습니다. 유족이라고 앞에 쓰질 않았어요.

그 당시 나는 80년대부터, 박정희 정권이 끝나고 그 전두환 정권이 들어설 때부터입니다. 그때부터 유족들, 문병현 회장과, 나, 또 성제, 세 사람이 주축이 돼서 우리가 '이대로 있어 가지고는 안된다', '이제부터는 우리가 뭔가를 맨들어 보자' 해가지고, 거창사건 위령추진위원회를 해가지고, 서이서(셋이서) 명예회복 활동을 하기 시작했습니다. 처음에는 묘 복원, 비 복원만 하는 걸로, 아주 작은 부분부터 시도를 했습니다.

신원에 있는 면민들과 유족들 전체 다가 연좌제에 걸려 고생하는 사람이 많았어요. 유족들이 연좌제로 걸려 나가가지고, 통비분자 가족이라 카는 걸로 사회가 받아들였습니다.

그래서 전두환 정권이 끝날 무렵 6·29 선언하고 나서, 노태우 정권부터 명예회복 활동을 본격적으로 시작을 한 겁니다. 그때는 뭘 얘기했냐면, "국가가 세워주는 비를 보고 싶다. 당신들이 인정하는 비를 한번 맞춰보자, 그게 우리 유족들 소원이다."

그때 마침 김동영 정무장관, 김영삼 씨 밑에 있던 분인데, 그때 인자 이야기를 해가지고 3당 165명이 인자 국회 동의를 해가지고 배상법 발의 한 것, 그게 우리가 활동을 한 것이고…. 최근까지도 유족들이 뭘해야 명예회복이 되고, 활동을 할라 카면 어떻게 해야 되는가를 몰라가지고 우왕좌왕해가지고….

앞전에 민사소송을 제기한 것도 특별법하고 나서 우리가 권리주장을 계속 해야 할 것이 아니냐, 그 차원에서 민사소송을 한 것입니다.

지금 생각해 보면, 어떤 이들은 (명예회복 활동을) 쓸데없이 돈 쓴 것으로 생각하고 있는데, 죽은 자는 말이 없고. 산 자가 죽은 자를 살려줄 수 있는 길이 그 길입니다. 억울한 죽음을 밝혀주는 일…. 이 사업 역시 처음에는 특별법이 통과가 되고 나서 묘역 단장을 하는데, 정부가 지원할 수 있다고만 돼 있거든. 그래가 우리가 받아낼 수 있는 근거를 어디서 찾아야 할 거냐?

그 당시 제가 부회장을 했는데, 서울의 김홍수 씨 집에 찾아갔습니다. 거(거기) 가서 우리가 사업계획을 세워가꼬, 198억을 요구하게 된 것입니다. 그라고 인자 한 가지, 지금도 유족들이 너무 열매에만 치중을 하는데, 열매만 치중한다 카면, 보상과 배상을 받으면 끝이 나는 것으로 생각하는데, 저는 그렇게 생각 안합니다. 열매를 보고 뭐 나무도 키우고 하지만 결국은 뿌리가 중요한 것이 아닌가. 열매만 따는 거 가꼬는 안 되고, 뿌리부터 키우고 잎을 키우면 결과적으로 나중에 열매를 얻는 것이 아니냐.

단, 배상법이 따라야 국가가 잘못한 내용이 배상을 함으로서 인정이 되는 것입니다. 특별법이 통과됐어도 국가가 받아준 것이 아무것도 없습니다. 그래서 제가 강조하는 것이 유족회 활동을 튼실히 하면 결국 열매는 자동으로 따라 오는 것이 아니냐. 그런께 우리가 열매만 보고 활동을 하지 말자.

신원면민 화합의 장을 이야기하는데, 80년대부터 대학교 신방학과 라든지, 또 노조 같은 데서 방문을 많이 했는데, 그 사람들이 와가지고 하는 얘기가, 하삼계리, 상육계리 하면서 지역 다툼이 그 당시에 다소 있었던 것으로 알고 있어요. 그런데 인자 그런 내용이 어떻게 전해졌는지, 내분에 의해서 거창사건이 발생한 것으로, 그런 조로 이야기를 해서, "절대 그런 것이 아니다, 신원면민은 화합이 됐으되 그 당시 지휘관의 무지에서 발생한 것으로 나는 생각하고 있다. 그래 삼무사건으로 나는 알고 있다. '무지', '무고', '무법' …. 무지한 군인이, 무고한 양민을, 무법처리한 것이 거창사건이다." 양민학살, 양민학살하는데, 학살이라 카는 것은 부족한 말인데, 삼무사건으로 언젠가는 기록이 돼야 되고….

박면장 타살사건도 화합적으로 처리해야

그 지금도 한 가지 그윽한 것은(꺼림칙한 것은), 유족들이 박 면장 타살사건에 대해서 정당한 것으로 받아들이는 사람이 많아서 그 당시 유족들을 제가 만났어요. 한 서너 분 만나서 사실 내용을 알아본 즉, 그 사람한테 사건의 실체를 알고 싶어서, 그 사람에게(박 면장에게) "당신이 말을 안 하면 누구한테 이야기 듣겠느냐? 당신이 아는 대로 본 대로 잘

못한 게 있으면 잘못한 대로 이야기를 해라." 이야기를 듣기 위해 데리고 왔고, 오는 길에 군중심리에 의해서 주먹질도 있었고, 누군가에 의해서 목숨을 뺏겼는데, 돌 던진 것도 사실이다. 17인 투옥된 사람들 중에서 그 돌 던졌다 카는 거까지는 나왔어요. 돌 던지고 하는 것은 군중심리에 의해서 나도 던졌다. 그러고 나서 '이미 죽었으니까 너도 불 한 번 타봐라' 하고 태웠다는데, 그 부분이 신원면민 화합에도 다소 지장이 돼요. 언젠가는 그 부분도 서로 화합을 하고 전 면민들이 한 묶음이 되는 세상이 왔으면 소원이 없겠습니다.

그때 당시에는 신원에 있었습니까?

네. 사건 당시에 있었습니다. 할머니의 성화가 얼마나 심했는지, 그 당일 아침에 저희 친백부인데, "그 집에 가족들 데리고 다 갔응께 너그도 피난가라" 하니까 아버님이 하시는 얘기가 아버님이 안할라 한 거라고예. "초겨울에 어디 가나? 죽어도 여기서 죽지 어머니를 놔두고 어떻게 가겠어요?" "나는 늙어서 괘안타. 다 모두 갔응께 느그도 가라. 늙은 할망구 아무도 안 잡아 간다." 그래가지고 할머니 성화에 못 이겨가지고…. 뭐, 아버님하고 많이 싸웠어요. 많이 다툰께 어머이가 인자 '어머니 말씀 듣는 게 안 낫겠나' 해서 친어머니가 같이 가는 걸로 동의를 해 줬어. 그래가꼬 피난 간 게 살게 된 길이고. 할머니는 그 길로 세상을 등지고 그랬어요.

유족 명예회복이 군 명예훼손 되는 게 아니다

사건 나기 얼마 전에 피난을 갔어요?

당일 아침에…. 우리가 신원 경계를 넘자마자 군인들이 바로 진주를 한 것입니다.

할머니만 돌아가셨어요?

그렇께 인제 제일 맏백부는 여섯 식구가 문을 닫아 버렸어요(죽어버렸어요). 그 다음 종부가 아들 하나 놔뚜고 다 죽어 삐맀고…. 그 당시에 아버님이 여기 있어도 살았을 란지 모르는 게, 12월 5일 사건 때 신원면 방위대장을 한 사람이 우리 집안 재종형님이라. 임주섭 동생, 임종섭인데, 인자 임종섭이가 죽음으로 해서 임주섭이가 방위대장을 하게된 겁니다.

말씀을 잘 해주셨는데, 열매를 탐하다가 깨지는 경우가 너무 많은 것 같습니다. 특히, 돈이라는 게 들어오면….

악도 되고 선도 되는 게 돈인데. 생활에 필요도 한 게 돈인데, 돈으로 인해서 얼마나 많은 피해를 입어요? 김태호 지사가 거창 군수로 있을 때, 그 법안 거부당하고 나서 바로 조성제하고 저하고 군수한테 쫓아갔어요. "사회복지재단 맨들어 줄께. 유족 복지재단 만들어서 사회가 일부 부담할 기고, 그 대신에 정부 예산이 여의치 않다면 채권 받을께." 그런 이야기도 다 했습니다.

　　지금 현재 저희 유족회 구성이 비슷합니다. 리더를 지금 하고 있는 사람들 다 비슷한데, 우리 사회가 일부를 부담하고, 그 대신에 배상이나 보상이 되면 유족회 깨진다는 것 다 인정합니다. 그 대신에 인자 유족들에 의해서 유족 복지재단 맨들어 가지고 앞으로 운영하고. 노령에 처해있는 사람들 다소 혜택이라도 주고, 그렇게 묶는 거로 거의 다 생각을 하고 있고. 박 면장 관계도 언젠가는 우리가 풀어야 되는데, 푼다 카는 데는 동의가 됐는데, 시기 관계는 의견이 많아서 결론 못 내고 있습니다.

　　그리고 그때 군인이 잘못했지만 11사단과 함께 뭐, 무슨 고무제인지 뭔지 지내고…. 안 그래도 제가 회장을 할 때는 39사단에까지 우리 자매결연을 하자고 연결을 했습니다. 39사단은 창원에 있는데, 경남 지역 방위사령부거든요. "우리 명예회복한다고 당신네들 명예훼손이 되는 게 아니다. 일부 무지한 사람이 한 걸로 우리가 받아들이고 안 있나? 그 대신에 우리 명예회복할 수 있도록 해 줘야 할 거 아이가?" 그런 이야기 했습니다. 할 수 있는 부드러운 제스처는 싹 다 했습니다.

저는 거창사건 유족회 유족 65세 서종호입니다. 저는 1951년 당시 아홉 살이었습니다. 아버지, 어머니, 누나, 남동생 둘, 여동생을 잃고 할머니와 가히 기적적으로 살아남아 지금까지 부모 형제들의 사랑도 모르고 고아 신세나 다름없이 살아 왔습니다.

그 당시를 회상하면 목이 메어 말문이 막힐 지경입니다. 그해 설을 맞이하여 온 식구가 모여 있었던 것으로 알고 있으며, 눈이 와서 밖에 나가 놀지도 못하는 실정이었지요. 그런데 앞산 중턱 오솔길로 총을 멘 군인들이 동네를 향해 들어오더니 온동네 집을 급습하면서 하는 말이 "3일 먹을 양식과 숟가락을 챙겨 동네 앞 논뜰로 나가라"고 명령하고 짚단에 불을 붙여 집에 불을 지르너군요. 그 당시엔 완전 무장이 뭔지도 몰랐지만 지금 생각하면 완전무장을 한 군인들이었지요.

서
종
호

대한민국은 법치국가입니다

부모 형제 사랑 모르고 고아로 한평생

그때 어머니는 산후 끝이라 불편한 몸이었지요. 아버지가 온 식구들을 데리고 마을 앞 논뜰로 나가시고 할머니께서 제 이름을 부르면서 "소들을 몰고 큰할머니 댁으로 올라가라" 하시기에 소들을 몰고 큰할머니 댁으로 가다가 대밭에 소들을 매 놓고 큰할머니 댁으로 갔지요. 큰할머니 댁이란 우리 할머니의 친정집이지요.

그 당시는 농촌에 공우라는 이름으로 소 없는 집에 소를 빌려주면 그해 농사일을 끝내고 추수해서 소와 나락을 섬으로 받던 시기였습니다. 우리 집은 소를 남 주고 살았을 정도로 넉넉했던 것으로 알고 있습니다. 머슴도 데리고 아버지가 농사를 짓고 했으니 말입니다. 그래도 저는 그때 학교를 다니지 못했습니다. 학교가 너무 멀어서 말입니다. 그래서 중새터 서당에 다니면서 천자문을 배웠지요.

다시 군인들의 만행으로 돌아오겠습니다. 논뜰에 모인 노인, 어른,

부녀자, 어린이 할 것 없이 모두 이끌고 신원 과정리 소재 학교로 행했던 것이지요. 저는 그때 큰할머니 집에 있었지요. 그곳에도 국군 두 명이 와서 짚단에 불을 붙여 초가지붕에 지르려고 하자 큰할머니께서 말리니까 방문 앞 디딤돌에 앉으라고 호통을 치고 총을 겨누는 찰나에 큰할머니 집 아래 공터에서 급히 오라는 다른 군인의 전달을 받고 총도 쏘지 않고 집에 불도 못 지른 채 급히 내려가더군요.

그리고 저는 우리 집 쪽으로 내려가는데, 온동네는 불꽃과 연기로 자욱했고 코가 매울 지경이었지요. 그때 할머니가 갑자기 나타나서 "왜 소를 매놓고 애비, 에미 따라 안가고 여기 있느냐"고 야단을 치더군요. 아마 그때는 동네 모든 사람들이 군인들에 끌려 떠난 뒤였기에 따라 갈 수도 없었지요.

그러자 어둠이 와서 할머니와 같이

큰할머니 댁으로 오니 동네에서 나이 잡수신 분들 두 분 정도가 오셨지요. 저녁을 어떻게 먹었는지도 모르고 어른들이 피난 갈 것을 상의하더니 눈이 와서 빙판에 소를 몰고 가다가는 다리 부러진다고 그냥 두고

사람들만 떠났지요. 눈이 와서 그렇게 어두운 것도 모르고 넘어지고 엎어지고 산을 넘어 산청군 오부면을 거쳐 차황면 전남이라는 곳에 도착하니 날이 밝기 시작하더군요. 누구의 집인 줄도 모르고 할머니와 어른들을 따라 들어갔지요. 거기서 얼마간 지내다 할머니와 저만 외갓집이 있는 산청, 운곡으로 갔지요.

국가의 만행은 국가가 책임져야

저를 그곳에 두고 할머니는 불탄 집으로 뭐라도 찾으려고 가셨지요. 그 먼 길을 걸어서 말입니다. 죽을 둥 살 둥 헤매고 다녔겠지요. 할머니 따라가려고 울기도 많이 울었지요. '소를 잃은 사람은 거창에 가서 소 찾아가라' 는 소문을 듣고 할머니도 거창까지 갔지만 소를 찾지도 못하고 당시 국회의원 신중목 씨의 멱살을 잡고 '우리 자식들 살려내라' 고 통곡을 하셨다는 얘기를 듣기도 했었죠. 그해 저는 산청국민학교를 외숙모님의 손을 잡고 입학을 했지요. 초등학교 2년을 마치고 3학년 될 무렵 고향인 신원국민학교로 전학을 했습니다. 부모님이 안 계시고 할머니는 머슴 데리고 농사일에 전념하시니, 저의 진로나 교육에는 무관심하시고 그저 학교만 다니면 다 되는 줄 아셨겠지요.

그때부터 저는 어린 나이에 박산 유족으로 지금은 군사정권에 의해 묻힌 노산 이은상 씨의 글이 새겨진 묘비 건립식에도, 박영보 사건 때에도, 벌초와 모든 행사에도, 할머니와 같이 참석하였지요. 그 사실은 문병현 전 회장님도, 지금 살아계신 유족 어른들도 잘 알고 계십니다.

그 당시에 가을철에는 나락으로, 보리 철에는 보리로, 또 현금으로, 사는 정도에 따라 모곡, 모금을 했지요. 그때부터 유족회가 결성되어 온 것으로 압니다.

그때부터 지금까지 반세기가 넘도록 우리 유족들은 대통령, 정치권 등에 명예회복과 손해 배상을 요구하며 투쟁 아닌 진정과 호소를 했고 보상법, 배상법, 정부 입법 등 세 법안이 국회에 계류 중입니다. 너무나 분통 터질 일은 우리 고장 국회의원까지도 정치 놀음을 하고 있는 처지입니다. 거창사건에 편승한 산청, 함양사건 등 진상규명이나 법원 판결이 하나도 규명되지 않은 사건을 '거창사건 등' 이라는 법에 편승해서, 그것을 16대 국회에서 사장된 법을 그대로 제안해서 통과시키려는 수법을 쓰고 있습니다. 아무리 같은 선거구 유권자의 표를 의식해서인지는 모르겠지만 역사를 오도하고 왜곡함은 지탄받아 마땅하고 책임을 면치 못할 것입니다.

6·25 사변을 전후해서 함양, 산청사건과 유사한 사건이 하나둘이겠습니까? 거창사건만은 유일하게 진상규명, 고등군법회의 판결내용 즉, 그 당시 장관 3명 해임과 군 관계자 등 판결문이 명백한 증거입니다. 일제 36년 식민지 시절, 일본군에 의한 만행으로 저질러진 희생자도, 위안부도, 전쟁 시 미군에 의한 학살사건도, 군사정권 시 광주사건도 모두 해결하면서 대한민국 국군이 대한민국 국민을, 그것도 순수한 양민, 부녀자, 어린이, 노인 등을 무참히 대량학살해서 시체까지 불태워 매장한 천인공노할 사건을 국가가 배상치 않는다면 누가 배상하겠습니까? 우리 유족은 이 사건을 정부와 국회가 해결해 주리라 믿습니다.

대한민국 국립대학 서울대학 법학연구소 전 안경환 박사님, 현 한인

섭 박사님 비롯하여 국내 석학들이 심혈을 기울여 연구 결과 배상의 책임이 국가에 있다고 수차 학술발표회 및 공청회를 거쳐 밝혔으며 여야 국회의원 68명의 이름으로 공동발의한 배상법안을 만장일치로 통과시켜 주리라 거듭 믿습니다. 만약 그렇지 않고 정치적 야합을 하거나 역사의 흐름에 역주행한다면 준엄한 역사의 심판을 받을 것이며 우리 거창 양민학살사건 희생자 유가족은 어떤 희생도 불사할 각오로 임하겠습니다. 정부 관계자 및 국회의원 여러분, 역사 바로 세우기에 앞장서 주시길 유족의 한 사람으로 간절히 빕니다. 대한민국은 법치국가입니다.

이름은 차석규, 1951년 당시 17살이었습니다. 바로 그 현장에 있었어요. 소야 마을에…. 학교는 대구서 다니다가 전쟁이 나서 집으로, 거창으로 갔지요. 중학교 3학년 1학기 때 고향으로…. 거창에서 한 1년 동안 있었습니다.

48년도에 신원에서 졸업하고 나와서, 48년, 49년, 50년 6·25 나고 나서 도로 고향에 가가지고 6월 달부터 그 다음해 51년 6월까지 한 1년 동안 거기서(거창에서) 살다가 또 대구로 이사를…. 집이 다 타고 없으니까요.

차석규

박산위령비가 똑바로 세워지는 날…

남부군과 국군, 비극의 시작

거창사건에 대해 책을 내셨지요. 책 제목이 『남부군과 거창사건』인데,
왜 그렇게 이름을 붙였습니까?

제가 서점을 할 때 『남부군』이란 책이 나왔습니다. 이태 씨가 남부
군이란 그 원고를 써서 출판하기 위해서 여덟 군데 다녔다고 하죠? 이
거 내면 불이익이 온다고 해 가지고…. 아홉 번째 어데 갔냐 하면, 청자
불을 건데, 지금은 없어졌습니다. 거 가가지고 한 30만부 팔았나? 많이
팔았어요. 그 내용을 읽어보니까 신원과 관련된 게 너무 많고…. 사실
남부군이라는 게 남반부 유격군의 준말이거든요. 남반부 유격군이라
카는 것은 후퇴도 못 하고 주로 덕유산, 지리산, 황매산 있는 사람, 인
민군이, 그 패잔병들이 그때 많이 있었습니다. 그 사람들이 거기 없었
으면 이런 일이 안 났을 긴데, 자꾸 내려와 가지고 식량 가져가고 하다
보니까 토벌에 의해서 이런 사건이 일어났거든요.

11사단이 조직한 건 제가 이야기 안 해도 아실 거고, 남원에서 사단 본부가 있고, 거창, 산청, 함양 1개 대대를 파견해 가지고…. 거창에는 3대대, 한동석 대령이 그때 2월 5일날 거창, 지금은 종합학교인데, 그 당시 거창농림학교였어요. 거기서 야영하고 5일날, 음력 섣달 그믐날, 신원으로 왔는데, 신원에서 감악산을 오르면서 한 부대는 바로 산을 넘어서 오고, 한 부대는 진격하면서 포고를 했는데, 신원에 오니까 그 전날 오는 것을 알고 (게릴라들이) 다 산으로 가삐렀어요(숨어버렸어요). 게릴라들은 자기들에게 불리하면 금방 어디로 내빼고, 유리하면 언제든지 공격하는 그것이 유격전인데….

산으로 갔는데, 그 당시 11사단이 조직된 것은 후방의 게릴라들을 소탕하기 위해서 급조된 것인데, 사실 유격훈련이라든가 군사훈련도 안 받고 하루아침에 만들어 놓은 사단이니까 그냥 주민을 다루는 그런 전술도 모르고 시작하니 불상사가 일어났는데….

결혼식도 못 마치고 동네가 불 타

그 이야기 이전의 이야기 하나 하겠습니다. 1950년 11월 5일에, 지서가 수복돼서 왔거든요. 왔는데, 한 달 있다가 게릴라들한테 습격 받아 가지고 12월 5일에 17명이 그때 죽고, 지서가 불에 타고, 인자 경찰들은 후퇴해 버리고 했습니다. 게릴라들 측에서 볼 것 같으면 자기들이 치안을 장악했기 때문에 그게 해방구라고 볼 수 있지요. 12월 5일 이전에는 게릴라들이 있어도 밤에 이렇게 식량을 털러 왔지요. 낮에는 안

했는데…. 그것이 12월 5일 지나니까 낮에도 와요. 그러니까 우리가 지금 생각할 때는 해방구라는 게 행정력이 낮에도 뻗칠 수 있는 그것이 해방구일 것 같아요.

12월 5일 지나고 나서, 그때가 12월 14일이었는데, 마을에서 결혼식을 하는데, 신부가 절하면 신랑이 답례를 해야 할 거 아니에요? 답례를 하기 전에 총소리가 산에 울려 퍼졌습니다. 그래 마 풍비박산이 돼 가지고 예도 못 마치고, 조금 있으니까 그 동네 사람들은 논뜰로 나오라고 고함을 지르고, 나는 네 살배기 동생을 업고 논뜰로 나가고….

논뜰로 나가서 보니까 동네 저 밑에서부터 짚단에 불을 붙여가지고 집에다 붙이더라구요. 동네가 비스듬한께 밑에서 붙이면 100여 호 되는 것이 순식간에 타게 됐습니다. 그때 인자 동네에서 보니까 '우리 집이 타는가', 그런 생각도 들었는데, 아니나 다를까 조금 있으니까 우리 집도 불이 붙는 것 같고….

교회가 있었는데, 우리는 모태신앙이고 교회 다니고 이러는데, '아이고, 교회도 불타면 안 되는데' 싶어서 얼라를 업고 교회를 들어가 가지고 집기를 다 주워내고 그랬어요. 그 당시 그래도 자기 집이 먼저, 자기 물건 구하러 갔을 텐데, 나는 그때 교회를 먼저 가서 집기를 꺼내고 울면서 집에 돌아가니까 우리 집이 벌써 다 타서 내려앉았고…. 내가 받은 상장 열 석장 되는 거 다 탔습니다. 개근상, 우등상, 국민학교 6학년까지 계속 1등 했습니다 조금 일찍 와서 그런 것도 건졌으면 됐을 텐데, 나는 교회도 먼저 가서 그리 됐고….

소가 한 마리 있었는데, 소를 야물게 묶어놨는데도 빗장을 풀고 산으로 올라갔어요. 소가 우리 동네도 수십 마리 죽고, 돼지도 많이 타 죽고…. 우리도 건진 물건이라 해 봐야 소밖에 없습니다.

1950년 12월 14일날 누가 불 지른 겁니까?

차황 경찰하고, 당시 산청에 주둔한 토벌 사단이 차황 쪽에서 넘어와 가지고 그랬어요. 경찰 토벌대가 먼 데서 본께 총도 가진 게릴라들이 보이니까 '아, 이 동네는 낮에도 (빨갱이들이) 많구나, 이 동네는 완전히 집을 소각해야겠다' 는 무슨 작전이 그렇게 된 모양이에요. 그러니까 경찰 토벌대로 인해서 동네가 불 탄 셈이지요. 그래 인자 모두 다 집이 탔으니까 산 사람들은 다른 데로 가고 그랬는데…. 그때 인민군들은 대항을 안 하고 바로 산으로 도주했어요. 그때 인민군들이 총에 맞아 가지고 세 사람 죽었어요. 그날 토벌대가 청년들 한 30명을 전부 가자해서 끌고 산청 쪽으로 넘어갔어요. 소야 마을 집을 태운 것은 토벌대,

경찰이 그런 것입니다.

오익경 대령 처음엔 관대

그 당시 오익경이 산청에 있었던 모양이에요. 연대장 이하 작전 참모들이 와서 "이 사람들 어디서 데려왔냐" 하니까 "거창군 신원면 소야 마을에서 거기 빨갱이가 많이 있어서 작전하고 체포해 왔다." "그러면 그 사람들이 그 당시 총은 가지고 있었느냐?" "뭐, 총은 안가지고 있었고 그냥 주민이었습니다" 하니 "그 주민이 빨갱이 활동도 안 했는데 체포해 올 필요가 있노" 해가지고 꾸중을 해서, 그 당시 오익경 연대장이 직접 '너희는 고향으로 돌아가라' 해서 무사히 고향으로 돌아왔데요. 오익경은 거창사건 때 전보를 쳐서 주민을 다 이렇게 하라(죽여라)캤지만, 초장에는 주민을 생각하는 여유도 있었어요.

2월 8일이 되니깐 산청으로 가던 국군이 도로 돌아왔다고 이래 소문이 나고 10일날 아침에는 그 밑에 있는 한재 동네 사람들이 "이번에는 여기 있으면 큰일 나겠는데…." 하면서 "다른 데로 가야겠다" 하면서, 우리 어머니가 "너는 먼저 이 소를 끌고 차황 쪽으로 넘어가라" 했습니다.

그때가 언제냐 하면, 2월 10일 날 아침 9시쯤 됐어요. 9시쯤 됐는데, 막 산을 넘어갔고. 10시쯤 해서 우리 어머니, 아버지, 동생, 얼라들 업고 소야, 불탄 마을을 지나서 차황 쪽으로 넘어가려 하는데, 벌써 저 밑에서 총소리가 나고 군홧발 소리가 나고 해서, 너무 무서워서 우리 어

머님은 "어디 가서 숨어야 되겠다" 이야기 했습니다.

소야마을 중간 쯤 가다가 내려가면 그 사람들 하고 맞부딪칠 테고, (그래서) 도로 동리 안쪽으로 해 가지고 타다 남은 벽이 있어가지고, 눈이 많이 왔는데 사람 발자국도 있고 그랬어요. 짚단을 펴고 앉아 있었습니다. 앉아 있었는데, 조금 있으니까 토벌대가 바로 앞까지 와서 지나갔는데, 바로 눈에 사람 들어간 발자국도 있었는데 예사로 보는 기라요. 우리가 살라고 그랬나 봐요. 그래 인자 가만있으니께 저 위에 사람들 끌고 가고 나서 그래 우리는 무사히 온 식구가 차황 쪽으로 넘어 갔습니다.

소 한 마리 때문에 내가 먼저 내려왔고, 우리 식구도 그랬는데, 그때 만일 소하고 우리 식구하고 같이 행동했으면 소리가 날 끼고, 발각됐으면 현장에서 총살일 텐데, 그때 그 위기를 잘 넘긴 것이 기적이었어요. 그게 2월 10일 아침이었습니다. 11일 날 되니까 신원 사람이 국군한테, 토벌군한테 다 총살돼서 다 죽었다는 소문이 나더라고요.

그러니까 10일 날은 한재서 데려오면서, 해가 넘어가니까 골짜기 넣고 죽이고, 거서 한 100명 죽였고, 10일 저녁에 자고, 11일날 아침에는 박산에 데려가서 500명 죽인 것이, 3일 연달아서 700여 명 죽였는데, 난중에 719명 명단이 나오는데 실제로 내가 보니까 이름이 빠진 사람도 있더라고요. 실제로는 719명보다 더 많다고 볼 수 있어요.

그 당시에 국군이 재미로 사람을 죽였느냐, 무슨 이유가 있으니까 사람을 죽인 게 아니냐, 많은 사람들이 국군의 비행만 드러내는 것이 많은데, 내가 생각할 때는 양비론, 그 당시 산에 있는 게릴라도 책임이 있고, 국군도 작전을 잘못 했기 때문에 그런 불상사가, 그런 억울한 일이 있지 않았느냐, 나는 그리 생각합니다.

그 당시 국군이 경찰들한테 치안을 인계하고 산청으로 넘어 갔다가 그 이튿날 저녁에 (게릴라들이) 경찰서를 습격 안했으면 지리산 가던 사람들이 돌아올 리 만무하고, 하루 지나고 있으니께 국군이 가다가 도로 돌아와 가지고 그렇게 벌어졌는데, 그 게릴라들의 책임도 있고 국군의 책임도 있다, 그렇게 생각하는데 뭐 혹자는 자꾸 군인들만 욕을 하는 것도 있습니다. 또, 그 한국전쟁은 처음에 인민군이 남한을 이렇게 점령했을 때 UN군이 참전 안했으면 쉽게 통일돼 가지고 그런 불상사 없이 통일됐을 낀데, 그 뒤 UN군이 참전해 가지고 이북 저 두만강까지 올라갔고, 또, 만일 중국군이 참전 안했으면 통일일 됐을 낀데, 그러면 거창사건이 안 일어났어요. 그래서 모든 인류의 책임이라고 생각하고 서문에도 그렇게 썼습니다.

십년 뒤에 죽은 영수님과 세 아들 꿈에 나타나

사람 죽었다는 소문은 어떤 식으로 났었나요?

2월 12일쯤 되니 소문이 들리는데, '신원 사람들이 거(박산에) 가가지고 무더기로 많이 죽었다' ···. 우리 동리에 교회를 담임하는 영수님이 계셨는데, 그 영수님으로 말할 것 같으면 사상적으로 우익 중의 우익이에요. 그런 사람이 거기 가서 죽었거든요. 국군이 왜 우익을 죽였노? 본래는 빨갱이, 좌익을 소탕하기 위해서 왔는데···. 그러니 심사도 옳게 안하고 죽인 건 작전 미스이고, 잘못한 것이죠.

사건 당시 교회 영수님 아들 셋이 같이 죽었습니다. 그런데 제가 군대를 60년대에 갔는데, 군대 있을 때 꿈에 삼형제가 나타나 가지고 박산, 거기서 반갑다고 손을 흔들면서 나를 껴안고 하는 걸, 똑같은 꿈을 두번 꿨어요. 그래서 내가 기어코 신원의 억울한 것을 정부에 밝히고 사회에 밝혀야겠다는 집념이 계속해서 났어요.

그래 (집념이 생겨) 나자 4·19가 났고, 그때부터 신문에 난 것을 계속 스크랩하다가 5·16이 나니까 또 모든 것이 싹 다 수면 아래로 묻혀졌잖아요. 80년대 되고 나서, 대통령 직선제가 되고 나서는 언론의 자유가 조금 있고, 또 하고 싶은 말도 하고 그랬습니다. 그때 내가 1987년도 고향에 가서 '정부로부터 좀 보상을 받아야 되는데, 이렇게 지낼 수 없다' 해서 1987년 12월 달에 유족들을 한 30~40명 모아가지고 저녁에 같이 앉아서 토론을 하고, 우리가 그냥 있을 수 없으니까 정부에 호소문을 보내자, 탄원을 하자고 해서 그렇게 했습니다.

1988년 2월 17일 날인가 정부에 호소문도 보내고, 2월 18일 《대구매일신문사》 사진 기자 데리고 시위를 한 것을 신문에 알리고, 또 땅에 있는 비석을 파서 내기도 했습니다. 그렇게 쭉 하다가, 한 10년 동안 유족들이 상당히 고생이 참 많았어요. 정부에서 다행히 공론화해가지고 한을 풀어준 것까지는 좋았는데, 여기는 아직도 돈 10원 배상받은 게 없어서 한을 품고 있습니다.

찬송가 부르며 하늘나라로

거창을 떠난 게 언제지요?

우리가 떠난 곳은 차황, 차황은 산청 관할입니다. 차황에서 거 신덕리라고 하는 데가 있어요. 그 밑에 진주 쪽으로 내려와서 1년 정도 있으니까…. 거기서 도로 대구에 와 가지고 중학교 3학년 공부하다가 고향에 돌아가 가지고, 또 1년 있다가 여기 와서 새로 학교 다니고…. 그당시 고학을 했습니다. 동생 둘은 학교 다 시키고 또 서점을 하면서 먹고 살고….

50년 12월 14일 날 집이 불탔다고 그랬잖아요. 불타고 난 뒤에 어떻게 살았습니까?

그러니까 우리 마을이 있으면 산 하나, 조그만 산 하나 넘으면 타지 않은, 열다섯 호 정도 사는 쪼매난 동네가 하나 있었어요. 거기 아는 집에 방을 하나 얻어서 거서 한두 달 살았지요. 가족 여섯 명이 살았습니다.

소야 마을 사람 중에서 어디 가지 못 하는 사람들은 새로 움막 같은 걸 해 가지고 살고, 어떤 사람들은 친척집에, 합천, 산청, 다른 데로 이사를 가지고 살고…. 우리는 그 동네 뒤에 있다가 2월 달에 산청 쪽으로 해 가지고 내려왔어요.

그러면 가족 분 중에 희생당한 분은 없습니까?

없지요. 그러니까 그 당시 말이죠. 제가 열일곱 살 때였는데, 집하고 교회하고 다 같이 불 탈 때 사람들 생각이 웬만하면 자기 집에 가서 뭐 하나 들어내려고 노력할 게 아니라요? 나는 교회 가가지고 그걸 들어 냈다 카는 건 신앙적으로는 거하고(이해가 되지만), 인간적으로 어리석고 그런데…. 그 당시 하느님께서는 그 뭐 삶의 약속을 한 것 같기도 하고…. 평생 잊을 수 없어요.

가족 중에 돌아가신 분은 없고, 그럼 다른 마을 사람이나 친척은요?

우리 교회에 다니는 영수님은 사상적으로는 우익인데 거기 끌려가 죽었으니께 너무 억울하고…. 10년 뒤에 똑같은 꿈을 두번이나 거하고(꾸고), 나는 이것을 세상에 꼭 알려야겠다는 집념이 늘 있었고….

영수님 이름이 조해근 씨인데, 아들이 이름이 조종문, 조종만, 조종 호 삼형제가 있었는데, 삼형제가 똑같이 살아서 오는 꿈을 꿨었는데, 눈을 떴을 땐 죽은 사람이 꿈에 살아서 오는 게 너무도 안타깝고, 잠자 리에서도 눈물이 나고 그랬는데, 그래 이것을 세상에 꼭 알리고 싶은 생각이 늘 있었어요.

영수님 제일 큰아들이 당시 스물 일곱, 그 다음에 스물 다섯, 그 다음 이 스물 서이(셋)…. 그때 그 사람들은 재판이라고 했는데, 토벌대가 '군인 가족 손들어라, 경찰 가족 손들어라', 그렇게 이야기 했다 캐요. 했는데, 어떤 사람들은 저게 무슨 말인고, 못 들어가지고 경찰 가족들 도 죽은 사람도 있고 눈치 빠른 사람들은 손 들어가지고 빠져 나온 사 람도 있고 그랬어요. 이 사람들은 땅만 파고 아무것도 모르는 사람인

데 살려주자고 애걸하든지 안그러면 나 혼자 죽을 테니 날 죽여라 대들었으면 됐을텐데.

찬송가 부르면서 죽었다는 이야기가 있던데, 그게 영수님 이야기입니까?

장로가 없고 목사를 초빙해서 모실 수 없는 약한 교회를 리드, 운영해 나가는 제도, 요새는 그런 제도가 없고 그냥 장로, 집사 그러는데, 그 당시는 영수라고 해.

'영수님 아들이 죽으면서 찬송가를 불렀다' 하는 것은 이래 됐지요. 박산에 끌려가서 죽는다는 직감을 하고 영수가 아들 삼형제를 붙들고 기도를 했어요. 기도를 하는 중에 중간 아들이 "우리는 빨갱이가 아닙니다." 이렇게 외치고 죽었어요. 그런데 그런 사람을 이렇게 했으니까 (죽였으니까) 너무하다 하는 그거지요.

그 당시 현장에서 살아나온 사람이 있었어요. 나무를 지고 오라 해가지고 "너그는 살려준다, 우리 시키는 대로 해라." 나무를 깔고 불을 지르고 했는데, 그 사람마저 이렇게 차서 죽인 것도 있고, 한 사람은 막 이렇게 사정을 하니까 "너는 명이 길다." 이러면서 "오늘 본 것은 말하면 안된다." 차 버렸다고 해.

그 길로 해가지고 산 사람이 두 사람 있었는데, 한 사람은 술만 먹고 세월을 비관하다 일찍 죽고, 한 사람은 울산 가서 살았는데 그 사람마저 지금은 현재 죽었을 기라요. 그 사람이 이야기해 준 거예요. 그것이 최후의 증언, 우리 동리 사람이기 때문에 기록하고 여러 군데 남긴 게 있어요.

좌우 대립 속에 양민들만 희생

책을 쓰기 위한 자료수집이나 면담 같은 것은 어떻게 하신 겁니까? 따로 자료를 모르셨나요?

제가 고향에 가면 시간이 있을 때마다 그 당시 이야기를 나름대로 메모를 하는 습관이 있었고, 1980년대에 제가 신원초등학교 총동창회를 조직했어요. 거기(동창회에서 사람들을) 만나면 나한테 기대를 자꾸 하고, 정보를 이야기하기도 하고…. 들은 것, 아는 것을 책에 순서적으로 쭉 적었어요.

12월 5일 날 인민군들한테 신원지서가 습격당해 없어졌는데, 14일날 경찰이 어떻게 나타났습니까? 인민군들이 물샐틈없이 경계를 서는 형태는 아니었나 보지요?

그런 건 잘 모르겠고, 2월 초까지는 인민군들이 와가지고 낮에도 활동하고 밥도 얻어먹고 양식도 가져가고 그랬어요.

그 당시는 보통 관할 안에서 책임지고 작전을 하는데, 신원 같으면 신원의 경찰이나 국군이 해야 하는데, 그 날따라 산청 쪽에서 거창 쪽으로 토벌하러 온 셈이죠.

거창 쪽 경찰서에서는 아예 안 왔고요?

12월 5일날 (게릴라들이 신원지서를) 습격하고 12월 8일날 의령 쪽에서 경찰대 일부가 신원에 왔어요. 그러다가 산 밑으로 공격하니까 결국 신원으로 들어오지 못하고 후퇴해서 갔어요. 그런 일이 있었습니다. 또, 창녕 쪽에서 경찰이 한번 들어오다 실패하고 나갔고, 이 책을 보면 일지가 있습니다.

여기를 보면, 2월 6일부터 7일까지 인민군들이 지서를 다시 습격, 말하자면 국군이 진격하니까 후방을 찔렀다고 하는데, 그때 11명의 경찰 대원을 사살했다고 돼 있는데….

실제로 있었어요. 그 당시 죽은 경찰의 이름표를 써서 묻었어요. 그 묻어준 분은 이제 작고했고, 그 아들은 신원에 살고 있습니다.

2월 6일에서 7일 사이, 그러니까 정월 초하룻날 습격을?

초하룻날 아니고, 그 이튿날 7일 날 아침에 새벽에 했지요. 그러니까 2월 6일날은 설이죠. (그때 일을) 실제로 본 사람도 있고, 아직도 살아 있는 사람도 있고, 그 당시 증언한 사람이 자꾸 죽고 없어지는데, 아직까지는 있습니다.

한 가지 알아야 할 것은 토벌군은 하나도 안 죽었어요. 또, 게릴라들도 안 죽었고, 경찰만 죽었어요.

공비는 없었어요. 정확히 말해 2월 5일에 산청으로 갔던 국군부대가 8일날 도로 돌아와 가지고, 거서 야영하고 일부는 거창읍까지 갔다가 돌아오기도 하고, 9일, 10일, 11일 주민들을 죽인 거지요. 게릴라하고 접전하면서 죽였다는 주장은 틀린 이야기고, 토벌군은 하나도 죽은 게 없고, 게릴라들도 안 죽고, 주민들만 희생됐어요. 경찰은 11명 죽은 게 있고….

한동석 소령은 수색을 하다 보니까 "상복을 입고 가는 것을 검문하니 상복 안에 총을 가지고 있더라"는 주장도 합니다. 그건 다른 지역에 있는 걸 인용해서 말한 것이지, 신원에 그런 일은 전혀 없었어요. 재판과정에서 (게릴라들과) 서로 전투하면서 아군이 많이 죽었다고, 그렇게 30 몇 명이 죽었다고, 그것도 거짓말이었습니다. 재판과정에서 자기들에게 유리하게 지어낸 겁니다.

무덤 옆에 비스듬히 누운 위령비

1988년에 위령비를 다시 파낼 때, 그때 계셨어요?

예. 그러니까 2월 달에, 사건이 일어난 그 날을 기념해서 우리 한번 모이자고 이야기 하고 《대구매일신문》 기자하고 차를 타고 신원에 갔어요. 가니까 유족들이 많이 모여 있습니다. 그쪽에서 구호 한번 외치고, 박산 쪽으로 가가지고 땅에 파묻은 것을 꺼내가지고 비스듬하게 세워놓은 것이죠.

비가 옆으로 비스름하이(비스듬히) 노출돼 있었어요. 그 당시는 요만치는 평상시에도 보였어요. 저 밑에 들어간 게 요만치 보였습니다. 파내는 데는 시간이 얼마 안 걸리고 바로 팠어요.

왜 그때 비석을 바로 세우지 않고, 비스듬히 눕혀 놨어요? 무슨 논의가 있었습니까?

바로 세운다고 해도 그것을(비를) 정으로 글자를 깼기 때문에, 두드렸기 때문에, 옳은 그것도 안 되고, 그것은 하나의 유물로 남기기 위해서 눕혀놓은 상태입니다. 지금도 비스름하이(비스듬하게) 그대로 있어요.

그리고 거창사건 사망자 명부, 그게 어떻게 작성됐는지 아십니까?
이걸 누가 썼냐면 내 친구 신윤철이라고, 고향 친구인데, 6학년밖에 안 됐는데 이만큼 잘 썼어요. 신윤철이 자기 식구가 6명이 있었습니다. 자기 혼자만 살고 다 죽었어요. 그때 열여섯 살, 나보다 한 살 적었어요. 참 잘 썼어요. 지금은 죽었고….

그리고 유봉순라고 있었거든요. 유봉순이가 조사해 가지고 유족회 명단을 만들자 해 가지고 했어요. 1951년에서 53년 사이에 (작성된 겁니다). 참 오래된 겁니다. 54년에 그 박산합동묘지를 만들잖아요? 묘지 만들기 전에 명부를 만들었어요. 지금 원본은 몇 개 없었을 기라요.

명부에 연도가 안 쓰여 있네요. 51년에 작성됐다, 60년에 작성됐다, 이야기가 달라요. 51년도에는 죽은 사람이 187명이라고 주장하잖아요? 군인들이 재판을 할 때 180명하고 조금 더 죽었다, 이렇게 하고 탄량을 빼 버렸거든요. 그런데 여기는 719명, 다 들어 있잖아요?
그때 변영재 씨가 면장을 잠깐 했는데, 그 분이 유족회를 통해가지고 한 사람도 빠짐없이 하자고 자기가 제의해 가지고 명단을 만들었는데, 재판 과정에서는 아예 이런 것은 내 놓지도 못하게 하고 자기들이 일방적으로 180 몇 명 죽었다고 이렇게 하고…. 이것이 상당히….

거창사건 군검찰관의 증언

김 태 청

안녕하십니까? 요새 근황은 어떠신지요?

저같이 잊혀진 인물을 보러 오시다니 반갑습니다. 변호사 업무를 재작년까지 하다가 요새는 공중 업무만 하고 있습니다. 예전에 거창사건과 관련하여 논고를 썼었는데, 지금에 와서 읽어보면 문법도 맞지 않고 문장도 형편없어 부끄러울 따름입니다.

이번에 《거창양민학살사건 자료집》을 내었습니다. 1편은 신문자료, 2편은 국회자료, 3편은 재판자료로 구성되어 있는데, 변호사님의 논고는 3편에 들어 있습니다.

논고 원본이 있는 줄도 모르고 찔끔찔끔 책(법복과 군복사이)에다 기억나는 대로 썼습니다. 51년 당시에는 원고를 써서 논고를 하지도 않고 읽었던 것 같습니다. 사실관계와 쟁점을 조금 이야기하고, 아마 말로 때웠던 것 같습니다.

속기사가 쓴 것 같습니다. 여기 원본을 보면 김부남 검찰관의 논고와 변호사님의 논고의 글씨체가 똑같거든요.

예. 제 글씨가 아닙니다. 그때 하사관이 쓰고 그랬는데, 아마 그럴 겁니다.

김종원·신성모에 대한 수사

논고를 보니 뒷부분이 결론 부분이었던 것 같은데, 결론 부분이 없어졌습니다. 기억나시는 게 있으시면 말씀해주세요.

그때 기억으로는 김종원 대령이 국방장관 명령에 복종했을 따름이라고 주장을 했던 것 같습니다. 사실 실무적인 일은 김부남 소령이 했습니다. 그때만 해도 법관 자격이 없는 사람이 법무관을 하고 그랬습니다. 저는 그 당시에 유일한 일반 고시출신 법무관이었고요. 평소에 법관 자격이 없는 법무관을 일반 변호사들이 얕보고 하니까 상부에서는 일반 고시출신인 저를 내세웠던 겁니다. 저는 당시에 다른 사건을 맡고 있어서 거창사건에 대한 수사는 맡지 않았고, 제가 담당하고 있던 사건이 끝나고 거창재판이 시작될 때부터 관여하였습니다. 신성모 주일대사에 대한 출장은 저와 김부남 검찰관 둘이 갔구요.

신성모 씨가 그때 어떤 이야기를 하던가요?

가니까 대사관에서 마중을 나왔는데, "대사님이 성누가병원에 입원해 있다"고 그러더라고요. 그래서 그 다음 날 가서 인사하니까, 뭐 잡으러 온 줄 알더라고요. 대사관에서는 굉장히 떨었던 모양입니다. 검찰관이 체포권한이 어디 있다고…. 눈물을 흘리면서, 국방부장관 당시는 이기붕 씨였죠. "참모총장 안녕하시냐"고 물어봐요. 그걸 왜 물어봤냐면, 김종원 대령이 자기한테 명령을 받고 증언을 했다는 것을 부인하려는 것이었어요. 그래서 그 말만 듣고 돌아왔지요.

거창학살도 사실 사건이 둘이 있습니다. 양민을 학살한 사건하고, 합동조사단이 가는데 오지 못하도록 위장사격을 한 것입니다. 저는 주로 후자 쪽, 합동조사단이 오지 못하게 방해한 사건을 담당했습니다. 학살사건은 제가 담당하지 않아서 기억이 별로 없습니다. 학살사건은 김부남 검찰관이 했습니다. 제가 담당한 사건, 즉 김종원 대령의 합동조사단 방해사건에 대해 보니까, 당시 국방경비법에 비춰보니, 이건 사람이 다친 것도 아니고 그냥 위장해서 위협사격만 가한 것이거든요. 그래서 보니까 별 것 아니고 군기문란, 공무집행방해죄밖에 안되는 거예요. 그래서 형이 낮아진 것입니다.

맨 처음에는 김종원 씨가 피고인이 아니었죠?
제 기억으론, 처음에는 아니었는데, 수사를 확대하면서 피고인이 된 것 같습니다.

제가 조사한 바에 의하면, 김종원 씨 체포는 법정 개정 후 한 달 뒤에 이루어집니다.
제가 그 사건을 직접 담당 안해서 기억에 없습니다. 저는 국민방위군 사건 끝나고 김종원 씨 구속되고 나서부터 나왔습니다.

그 당시 법정 분위기는 어떠했습니까? 한번밖에 개정 안한 것으로 알고 있는데….

처음에 한번 열었다가 김 피고인이 국방부 장관이 시킨 일이라고 빼니까, 그러면 그런 명령이 있었는지 알아봐야겠다고 해서 재판장이 신성모 대사 찾아서 물어보라고 하며 소환하라 했습니다. 두세번 소환했는데도 안와서 그래서 일본으로 출장을 갔습니다.

국회에서도 그 당시에 신 대사 소환 건의안을 내고, 11월쯤에 일본 갔다가 보고서 내고 나니까 더 이상 할 것 없다고 해서 구형한 거죠? 그러니까 변호사님이 출정한 것은 9월 11일, 12일인가에 한번, 구형할 때 12월 15일에 한번이지요?

당시 분위기가 그래요. 전시에 그 정도는 있을 수 있는 일이고, 이전에 중국에서도 비일 비재했던 일이라는 분위기가 많이 있었습니다. 그래서 거창양민학살사건의 구형은 하라는 대로 한 것으로 기억되구요. 합동조사단 방해사건은 큰 사건이 아니었습니다.

'전시 중'이라는 면죄부의 남발

판결문은 다음날 나왔는데, 원문이 없어서 판정이유서만 현재 찾아 놓고 있는 상태입니다.

보통 판결문은 당시에 법무사가 작성했습니다. 장군들은 법에 대해서 잘 모르니까…. 강영훈 장군은 유식해서 그 분이 직접 썼을 겁니다.

거기 보면 한자성어도 많이 나오고 그러죠? 그러면 아마 강영훈 장군이 썼을 겁니다.

판결문도 없고, 김종원 피의자 신문조서, 피고인 신문조서도 없습니다. 이 거창사건 기록도 없는 줄 알았는데 어떻게 겨우 찾아내었습니다. 그런데 김종원 씨 관련 기록은 전혀 없습니다. 김종원 씨 건 다 뜯어지고 없어서, 혹시 그 이후에 자신과 관련된 기록을 다 없애버린 건 아닌지 모르겠습니다.

그 얘기는 처음 듣는 말입니다만 그 당시에 김종원 씨가 영향력이 아마 있었을 겁니다. 국민방위군 사건에서도 비슷한 말을 들은 적이 있습니다. 그나저나 1951년쯤에 작성된 기록인데, 용케 찾아 내셨습니다.

진실한 글은 아름답다

국민방위군 사건은 변호사님이 직접 담당한 사건이시죠? 역사적인 국민방위군 논고문의 원본을 변호사님이 가지고 계실 줄 알았습니다.

팜플렛이 있었는데, 이사하면서 다 없앴습니다. 당시 팜플렛으로 만든 것은 아마 서론, 사실론, 정상론이 있고 법률론이 쑥 빠진 것 같습니다. 논고는 일반 사람들 보는데 수요에 맞춘다고 정상론 위주로 했지 법률론은 뺐습니다. 법률론을 해봤자 그렇잖습니까? 법률론에서는 아마 언제 조국이 망할지도 모르는 이 시기 이런 법률을 만드는 게 당연

하다 뭐, 그렇게 얘기했겠지요. 막대한 군수물자 등은 군인들을 상대로 한 것이라 전시에 군수물자 파는 사람들은 죽여도 될 것이라고 생각했을 겁니다.

현대사라는 게 음지도 있고 양지도 있는 것 아니겠습니까? 그 흔적을 후대의 연구자나 학생들이 느낄 수 있도록 하고 싶은데, 혹시 누가 가지고 있을 법도 한데요.

그게 인쇄를 몇백 부 했으니까 남아 있는 것도 있을 텐데요. 제 기억으로는 그 글을 보고 칭찬했던 글이 있습니다. 일본어 잘하는 수필가로 김소운이라는 분이 있는데, 그 분이 신문에 서평을 썼습니다. 그 분이 인쇄소에 갔다가 내 팜플렛이 나와 있어서 가지고 가서 읽어봤는데, 감동적이고 신문에다가 서평을 썼습니다. 제목이 '진실과…', 뭐였던 것 같은데, 진실을 얘기하면 문필가가 아니라도 그 글이 아름답다는 내용이었어요. 다만 그 논고가 짧아서 아쉽다는 서평이었던 것 같습니다. 아마 국민방위군 사건 한두 달 뒤에 《영남일보》에 기고했던 것 같습니다. 그러니까 팜플렛에 대한 서평이었습니다.

이종찬 · 총참모장 군인은 정치에 관여하면 안된다

그 당시에 법무감실 분위기는 어떠하였습니까? 진실을 밝히자고 하는 분위기였습니까?

분위기는 좋았습니다. 당시 군내부에서 법무감들은 일반 전투병들과는 대립되는 분위기였거든요. 그런데 그 전 법무감들은 전투병과 출신들이어서 거의 전투병과의 의견을 따르는 편이었습니다. 그때 제가 차감이었고, 손성겸 씨가 법무감으로 왔는데 꽤 버텼습니다. 그리고 당시 총참모장하던 이종찬 같은 분은 아주 훌륭한 분이었습니다. 부산정치파동 때 이승만 대통령이 원용덕 씨를 시켜서 계엄령을 선포했습니다. 당시 부산은 평화로웠고, 전선도 위에 형성돼 있었는데, 계엄을 왜 선포합니까? 그건 불법계엄이지요.

이종찬 씨가 그때 거기에 안 따르고 군대도 안 보냈습니다. 그래 이승만 씨가 불법계엄을 선포하고, 서민호 씨를 잡으려고 법무관을 보내라고 했습니다. 손성겸 씨가 못 보낸다고 했고, 부산에서 전화왔는데 내가 안 보냈습니다. 이종찬 씨는 그때 타격받고 정치파동 후에 해임되었습니다. 저는 한직으로 쫓겨났는데, 전시 피난민 통제하는 일을 하는 민사감실로 갔습니다. 그래서 그때부터 대령을 9년이나 하였고 4·19 이후에 올라갔습니다. 4·19 이후에야 별을 달았던 거지요.

저희가 여러 가지 자료를 가지고 당시의 정치 상황을 추론을 하였습니다. 51년도에 이종찬 씨가 총참모장으로 부임하여 처리했던 것 중에 가장 중요한 것이 국민방위군사건과 거창양민학살사건입니다. 그래서 부산정치파동 때 이종찬 씨가 군대를 보내지 않은 것이 국민방위군사건과 거창양민학살사건 처리과정의 여파가 아니었겠느냐고 추론하고 있는데, 변호사님의 생각은 어떠하십니까?

그건 제가 책에서 조금씩 밝히고 있는 부분인데, 일종의 이종찬 장군의 '군인정신'이 아니었겠느냐 하는 것입니다. 참다운 군인정신이라는 것은 '군인은 정치에 관여하면 안된다' 는 것이지요. 그 분은 일본 육사 출신인데다가 독서를 많이 하고 해서 민주주의에 대해서 아주 많은 이해를 하고 있는 분이었습니다. 그 분이 참모총장할 때 손성겸 장군 같은 분이 법무감으로서 있었던 것이지요. 이종찬 장군은 국군은 정치 관계하면 안된다고 한 유일한 인물입니다.

그때 법무감실은 '법의 양심' 을 지킬 수 있었습니다. 당시가 황금시대인 것이 군인정신, 법관정신이 투철한 사람, 즉 민주주의적 의식과 법률적 양식이 투철한 사람이 그 당시에 있었기 때문입니다.

1951년 법무감실, 법의 양심 지킬 수 있었다

1951년부터 부산정치파동 때까지를 보면 군치와 법치의 대결이라고도 할 수 있겠는데, 법치가 자기 목소리를 낸 시기라고 하더라구요.

제가 이종찬 장군 에피소드를 하나 이야기해드리겠습니다. 그때 작전명령으로 '무단으로 적정에서 후퇴한 자는 즉결처분하라' 는 것이 있었습니다. 말 그대로 즉결처분이지요. 그때 이종찬 장군이 3사단장을 하고 있었는데, 그 분이 '내 사단에서는 안된다. 군법회의를 하고서 처분을 해야지 즉결처분을 해서는 안된다' 는 명령을 내린 적이 있었습니다.

제가 군대를 84년도에 갔는데, 그때 장교들이 '즉결처분' 을 입에 달고 있었습니다. 전쟁 와중인데도 '즉결처분을 하지 말라' 라고 한 것은 정말 대단한 일이라고 생각됩니다. 김종원 씨가 즉결처분을 하려고 했던 것과 관련한 것으로 여러 기록이 있습니다. 미국에서 발견된 비밀기록인데, 거기에 보면 김종원이 즉결처분을 행하려고 하니 하사 등이 '당신을 쏘겠다. 부하 앞에서 용감하고, 적 앞에 비겁하다' 라고 항명한 기록이 있습니다. 즉결처분은 문제가 많습니다.

군인정신이 투철한 자도 민주주의자

제가 책에도 썼지만 민주주의와 군인정신은 끝내 한군데서 만난다고 생각합니다. 결국은 군인정신이 투철한 자도 민주주의자이고, 법률정신이 투철한 자도 민주주의자입니다. 책에는 5·16에 대해서도 썼습니다. 5·16이 혁명은 무슨 혁명입니까? 혁명과 쿠데타는 구별되는 것입니다. 제가 사회과학사전 등을 뒤져서 안 것인데, 혁명은 아래로부터 일어나는 것이고 쿠데타는 정치권력 사이의 교체일 뿐입니다. 아마 이걸 아는 사람은 그리 많지 않을 겁니다.

51년에서 52년 사이에 법무감실과 이종찬 장군에 대한 부분이 역사에서 덜 부각되어 있습니다.

군내에서는 이종찬 장군을 숭배하고 있습니다. 일본 육사출신 군인들은 이종찬 장군을 매년 추모하고 있지요. 그러나 정치 부분에 대해서는 잘 모르겠습니다.

지금 육군본부에 국민방위군 사건도 거창사건과 같이 사건자료가 남아 있을 텐데, 내주지 않고 있습니다.

국민방위군 사건 때 정일권 씨가 망신당한 일이 있습니다. 그때 참모총장이 정일권 씨였고, 법무감은 이호 장군이었습니다. 국민방위군 사건은 당시 국민의 지지를 아주 많이 받고 있었거든요. 요새도 검찰들이 대선정치자금 문제로 많이 칭찬 받고 있지 않습니까? 그때도 검찰관이 칭찬 받았습니다. 내가 검찰관하면서 드라마틱하게 했거든요. 그랬더니 하루아침에 인기스타가 되었어요.

하루는 논고를 하고 다방에 갔더니 주위에서 하는 말이 '오늘 그 검사 정말 대단하더라', 뭐 이런 얘기를 하는 게 들렸지요. 그때 법무감이 정일권 씨를 증인으로 부르라고 했어요. 국민적인 지지를 업고 있으니까 참모총장을 부르라고 한 거죠. 참모총장을 불러서 국민방위군 사건이 일어났는데, 뭐했냐고 물어보라고 해요. 그래서 물어봤어요.

김석원 장군이라고 카이젤 수염 기르고 다닌 장군이 있었는데, 국민방위군사건을 매일 방청하셨지요. 군내부에 만군파와 일군파의 파벌이 있었습니다. '참모총장은 부하를 지휘감독해야하는데, 당신은 알았느냐?', 뭐 이런 거 물어보고 끝나고 정일권 장군이 얼굴이 벌개져서 나가는데, 김석원 장군이 거기에 대고 '이놈아 섰거라, 니놈이 참모총장이냐?', 이런 얘기를 했었습니다. 기록에서 자기 망신당한 것은 빼버렸는지도 모르지요. '군인정신'을 가지는 것, 저는 그게 참 좋습니다. 자신의 지위를 내놓고 했다고요.

사진을 전부 태우고 없던 일로
해달라 하대요

선우종원

안녕하십니까? 51년 당시에 장면 총리 비서실장을 하셨고, 부산정치파동 후에 일본으로 밀항을 하셨는데, 그와 관련된 얘기를 들으려고 합니다. 먼저, 거창사건이 일어난 후, 장면 총리한테 사진이 어떻게 전달되었는지, 그 전달 과정이 궁금합니다.

거창 사건과 관련된 생생한 증거를 제가 제일 먼저 봤을 것입니다. 제2대 대통령선거를 앞두고 한민당을 압살하려고 할 때, 그때 내가 중심이 되어서 파헤쳤거든요. 김종원 씨를 부산에 내려보냈는데, 원용덕 씨가 사령관을 할 때쯤 그 무렵입니다. 김종원 씨가 사진을 가지고 총리실에 예고도 없이 들어왔습니다. 그 당시에 장면 총리와 이승만 씨가 서로 견원지간이었던 것을 알텐데 말이죠. 그 사진이 학교 마당에서 사람들을 쏴 죽이는 사진이었습니다.

페치카 속으로 사라진 현장사진들

그래서 같이 총리실에 들어갔습니다. 총리실에서 장면 총리와 함께 사진을 봤는데, 카피는 만들지 않았습니다. 김종원 씨가 그때 사진을 보여주고 다시 들고 가면서 "총리각하 보여준 것은 비밀로 해달라"고 하였습니다. 그리고 나서 김종원이 신성모 씨한테 사진을 가져갔더니 '딴 데 보여준 데 없냐'고 해서 '총리한테 보여줬다'고 하니 신성모 씨가 "사진을 다 태워버리고 페치카에 때려고 쌓아두었던 장작으로 김종원을 물씬 두들겨 팼다"고 하면서 다시 왔습니다. 김종원 씨가 다시 와서는 '없었던 것으로 해달라'고 했습니다.

그 후에 지방장관 회의가 대전에서 있었는데, 당시 법무부장관하던 김준연 씨하고 내무부장관하던 조병옥 씨, 그리고 국방부장관하던 신성모 씨가 한방에 앉아 있었는데, 총리가 먼저 이야기를 꺼냈습니다. 그랬더니 국방장관이 슬그머니 나가는 겁니다. 장면 총리가 저한테 '국방장관 어디갔냐'고 물어서 제가 아마 부산에 갔을 거라고 대답을 했습니다. 아마 이 박사한테 가서 한민당이 조작한 사건이라고 허위보고를 할 거라고 추정을 했습니다.

국무회의가 지금도 그런지 모르겠지만 당시는 화요일에는 대통령이 주재하고, 금요일에는 총리가 주재를 하는데, 대통령 주재 국무회의에서 이 박사가 굉장히 화가 난 겁니다. "한민당 장관들이 신성모를 모함하느냐?" 그걸로 인해서 김준연, 조병옥 장관이 사표를 내고 신성모 씨는 (사표를) 안 내다가 주일대사로 발령 났습니다.

아쉽게도 현장 사진이 영원히 사라진 거네요? 사진 중에 기억나는 것이 있습니까?

김종원 씨가 왜 총리실에 제일 먼저 왔는지는 아직도 모르겠습니다. 그리고 엄마가 죽었는데 애가 옆에서 울고 있는 사진이 기억나네요. 사진이 적어도 열장 이상 있었던 것으로 기억됩니다. 신성모 씨가 그런 사람이에요. 장난을 많이 해.

밀항하지 않았으면 저도 죽었겠죠

국회합동조사단이 거창으로 가기 전에 법무부, 내무부, 국방부에서 따로따로 거창에 조사를 나갔었습니다.

그건 처음 듣는 얘기네요. 국회에서 갈 땐 내가 서범석 의원에게 농담으로 조심하라고 그랬는데, 위장사격 때문에 사건 현장에는 가지도 못하고 도망쳐왔습니다. 도망와서는 나한테 '여보 실장, 당신 말한 대로 연출되었는데, 원래 알고 있었던 거 아니야?'라고 해서 한참 웃었던 기억이 있습니다. 그 후에 정치파동이 생기고….

그 사이에 이시영 부통령이 사임하고 국방부 장관도 5월에 사표를 내었지요. 장면 총리는 이승만 대통령과 적대관계였습니까?

친할 것은 없었고, 처음에 총리가 '총리의 위치를 찾으려면 어떻게 하면 되느냐'고 물었습니다. 그래서 제가 '헌법에 명기된 장관 제청권이 있으니 그걸 행사하면 된다'고 했습니다. 아마 그때부터 틀어진 것 같습니다. 그때 농림장관하고 총무처, 법무장관이 공석이어서 이것부터 제청해 보라고 했는데, 법무장관에 조진만 씨, 농림장관에 임문환 씨, 총무처 장관에 한동석 씨를 내가 천거했습니다. 조진만 씨는 일정 때 한국인 판사가 세 명 있었는데, 그 중의 하나입니다.

혹시 '이승만 대통령이 친일파가 아니냐는 이야기를 하면, 조진만 씨가 판사를 그만둔 이유를 이야기하라'고 했습니다. 당시 판검사시보를 판사가 지도하는데, 일인과 차별했다고 해서 가택수사를 받고, 법원 책상서랍 안까지 수색을 받았고, 그래서 사임을 했습니다. 그래서 그대로 대통령이 인정했지만 나중에 대통령이 '그 사람 마음대로 하라고 해'라고 했다고 합니다. 그때부터 틀어진 것 같습니다. 내 생각에는 UN대사로 있을 때의 선입견 때문이 아닐까 합니다. 그리고 대통령 선거 있을 때 한민당 소장의원들이 이승만 대통령의 후퇴책임과 독재 등을 이유로 장 박사를 밀기 시작해서 정면으로 정적이 되었던 것입니다. 이 박사는 정적을 무조건 죽입니다. 최능진 씨, 조봉암 씨를 죽인 사람이니 무섭죠?

그럼 일본으로 밀항하지 않았으면 어떻게 되었겠습니까?

밀항을 하지 않았으면 저도 죽었겠지요. 경찰이 와서 제가 김일성한테 36억 받았다고, 이런 식으로 만들어서 왔어요. 그때 내무장관 이범석 씨가 부통령이 되어서 당시 이 대통령이 고령이니까 사고라도 당하면 지위를 승계하려고 온갖 충성을 다하던 때였거든요. 그래서 이범석 씨가 부하를 시켰는데, 그 부하가 예전에 내가 데리고 있던 사람이라 (저한테) 피신하라고 알려준 겁니다. 신학대학에 숨어서 3개월 있다가 대통령 선거가 끝나서 치안국장을 찾아 갔는데, 그 사건은 다 끝났다고 상대를 안 해줍니다.

장면 씨가 정치활동을 안 하면 이 박사도 가만있을 거라고 생각하고, 장면 씨 집에 가니 정치활동을 한다는 겁니다. 그래서 '그러시면 저는 잠깐 나가 있겠다'고 하고, 정치운동하면 한국사람 정서로 봐서 잘될 거라고 했습니다.

그 전에 미국 측에 연락하고 있었는데, 만일 자기네가 도울 일이 있으면 모든 걸 도와줄 것이라고 했었거든요. 내가 미국 측에 연락을 해서 나갈 것이니 도와달라고 해서 일본 배를 타고 밀항한 겁니다. 아마 잡혔으면 끝장났을 겁니다.

그때 자제들이 중학 1년 정도 되었을 것인데, 8년 동안 애들은 아버지 없이 산 거네요?

애들이 아버지 있다는 얘기를 못했을 것입니다. 그래도 대학까지 잘 들어갔습니다. 그래서 부인에게 감사하고 있습니다. 애가 다섯씩이나 있는데, 다들 잘 보냈으니….

혹시 총리 비서실장 당시에 글로 쓴 것이 있습니까?

그 당시에 쓴 것은 없고 자서전이라고 해서 쓴 것에 그 당시 일이 조금 들어 있습니다.

*증언자 목록

연번	증언자	출생연도	증언일시	증언 장소
1	문홍한	1920	2006. 8. 2.	서울대학교 법과대학 17동 303-3호
2	정현순	1941	2006.12.19.	거창군 신원면 대현리 거창사건 유족회 사무실
3	권도술	1917	2003. 7.11.	거창사건 추모사업회 현장사무소
4	박주야	1941	2006.12.19.	거창군 신원면 대현리 거창사건 유족회 사무실
5	김운섭	1942	2003. 7.12.	거창사건 추모사업회 현장사무소
6	이덕화	1947	2006.12.19.	거창군 신원면 대현리 거창사건 유족회 사무실
7	권필달	1926	2003. 7.11.	거창사건 추모사업회 현장사무소
8	정월만	1919	2003. 7.11.	거창사건 추모사업회 현장사무소
9	문철주	1937	2003. 7.12.	거창사건 추모사업회 현장사무소
10	김용재	1925	2003. 7.12.	거창사건 추모사업회 현장사무소
11	이철수	1938	2006. 9.30. 2006.10.10.	서울대학교 법과대학 17동 303-3호
12	신성균	1929	2003. 7.11.	거창사건 추모사업회 현장사무소
13	임기섭	1930	2003. 7.11.	거창사건 추모사업회 현장사무소
14	문병현	1925	2006. 7. 5.	부산대학교 법과대학 법률상담소
15	이일우	1937	2006.12.19.	거창군 신원면 대현리 거창사건 유족회 사무실
16	임호섭	1944	2006.12.19.	거창군 신원면 대현리 거창사건 유족회 사무실
17	서종호	1944	2006.12.19.	거창군 신원면 대현리 거창사건 유족회 사무실
18	차석규	1933	2007. 2. 2.	대구직할시 중구 남산동 654
19	김태청		2004. 1.16.	공증인가 계림합동 법률사무소
20	선우종원	1918	2004. 1.16.	공증인가 계림합동 법률사무소